suhrkamp taschenbuch 1547

Hanno Helbling, Jahrgang 1930, studierte Geschichte, Germanistik und Komparatistik. Seit 1973 ist er Leiter der Feuilleton-Redaktion der *Neuen Zürcher Zeitung*. Seine Veröffentlichungen befassen sich mit Fragen der historischen Methode (*Der Mensch im Bild der Geschichte*, 1969), mit mittelalterlicher Geistesgeschichte (*Saeculum Humanum*, 1958) und neuester Kirchengeschichte (*Politik der Päpste*, 1981). Helbling übersetzt aus dem Italienischen (Leopardi, Montale), aus dem Französischen (Benjamin Constant, Ramuz) und aus dem Englischen (die Sonette von William Shakespeare).

Ein so umfangreiches, vielschichtiges Werk wie die *Suche nach der verlorenen Zeit* gleicht einer fremden Großstadt, die man nur langsam erkundet, in die man sich einleben muß. Der Essay von Hanno Helbling leistet den Lesern von Marcel Prousts Roman einen ähnlichen Dienst, wie ihn ein Reisebuch dem Touristen erweist: nicht die Beschreibung alles Sehenswürdigen, sondern die Einstimmung auf eine Ambiance, auf das Zusammenspiel von Proportionen, Motiven und Themen. Während einer ersten Lektüre des Textes den Überblick zu erleichtern oder *nach* einem ersten Durchgang die Leseeindrücke ordnen zu helfen, ist seine Absicht. Die Literatur über Proust und seinen Roman bleibt außer Betracht, aber auf das Werk selbst wird fortlaufend verwiesen und so zur Beschäftigung mit ihm angeregt.

Hanno Helbling
Erinnertes Leben

Marcel Prousts
»Suche nach
der verlorenen Zeit«

Suhrkamp

Umschlagbild: Jan Vermeer van Delft,
Der Künstler in seinem Atelier (um 1670)

suhrkamp taschenbuch 1547
Erste Auflage 1988

Satz: Hümmer, Waldbüttelbrunn
Druck: Nomos Verlagsgesellschaft, Baden-Baden
Printed in Germany
Umschlag nach Entwürfen von
Willy Fleckhaus und Rolf Staudt

1 2 3 4 5 6 – 93 92 91 90 89 88

Inhalt

Vorbemerkung

Es mag nicht unbedenklich sein, dem Leser einen »Führer« durch das Romanwerk Prousts, durch die labyrinthische »Suche nach der verlorenen Zeit« anzubieten. Das Unternehmen läuft, so scheint es, der Intention des Verfassers zuwider, uns an den Träumen und Täuschungen des erzählenden »ich« teilnehmen zu lassen. Was sich erst nach vielen hundert Seiten klären wird, sollen wir es schon wissen und der Irrfahrt der Hauptperson nur beobachtend, mitfühlend folgen, des Zieles kundig, das sie noch nicht kennt? Beim zweiten Lesen gewiß; da können wir gar nicht anders; und einer möglichst ergiebigen zweiten Lektüre mag eine Wegleitung ohnehin dienen. Nun verrät sich aber bei näherem Zusehen noch eine Absicht Prousts: dauernd präsent zu halten, daß der Faden seiner Geschichte nicht abreißen, daß er zu Einsichten, zu Ent-täuschungen führen wird – und daß sein Erzähler inzwischen auch weiß, wie sich alles verhielt. So könnte es immerhin statthaft sein, die Aufmerksamkeit des Lesers von Anfang an auf Weiterdeutendes zu lenken, ihn spüren zu lassen, daß er es mit einer weitläufigen, aber geordneten Textmasse, mit einem planvollen Gang durch raum-zeitliche Daseinsstrukturen zu tun hat.

I
Die Saat der Träume und der Täuschungen

Noch während die Publikation von »*A la recherche du temps perdu*« nach dem Tod Marcel Prousts (1922) ihrem Abschluß entgegenging, glaubten viele (und einige schrieben), es handle sich um ein frei assoziierendes, ohne Plan und Ziel sich entfaltendes Sprachkunstwerk, das der Autor fort- und fortgesetzt hätte, bis »der Tod ihm die Feder aus der Hand nahm« – was ja tatsächlich geschehen war. Nur hatte Proust längst unter den letzten Satz von »*Le temps retrouvé*« das Wort *Fin* gesetzt und von da an das schon Geschriebene für den Druck ergänzt, ausgeweitet und abgerundet; die Teile aber, die er nicht mehr überarbeiten konnte, zeigen das Handlungsgerüst bisweilen noch ohne die reiche Hülle aus Reflexion und – gewiß auch – Assoziation, die das von ihm Vollendete kennzeichnet. Als das Ganze dann vorlag, begann man den nun evidenten Aufbau, die Komposition des Romans zu ergründen; und nachdem dies getan war, nahm man sich wieder die Blätter und Zweige im Rankenwerk des Textes vor – die Details, die ja denn doch bei weitem nicht alle »funktional« zu verstehen, sondern kostbare Zutaten, sei es zum Gang der Handlung, sei es zu dem der Gedanken sind.

All dies leuchtet ein – bis auf eines: daß nämlich nicht schon nach Erscheinen des ersten Teils (»*Du côté de chez Swann*«, 1914) die Erwartung sich durchgesetzt hat, es werde ein zwar sehr weit gespannter Bericht zuletzt doch einen vorbestimmten Endpunkt erreichen. Der Erzähler, der sich nach langer Zeit zu erinnern beginnt, spricht er nicht von fünf Schauplätzen seiner Kindheit und Jugend: Combray, Balbec, Paris, Doncières, Venedig[1], und nur von Combray und Paris ist einstweilen die Rede; erwähnt er nicht auf den ersten Seiten schon Mme de Saint-Loup[2], von der man wohl zu gegebener Zeit erfahren wird, wer sie ist? Sollte es Zufall sein, daß er jetzt in dem nämlichen Tansonville bei ihr zu Gast ist, wo er als Knabe zum erstenmal Gilberte, die Tochter Swanns, sah? Er liebte sie damals, weil er gehört hatte, daß sie Bergotte kenne, den bewunderten Dichter, den er sich als erhabenen Greis vorstellte – Bergotte, dessen Werk er später lieben wird, weil der Autor die angebetete Gilberte kennt ...[3] Es erscheint flüchtig der Baron Charlus[4], und noch flüchtiger kommt, ohne Namen sogar, der Schneider Jupien zur Sprache[5]; wir können natürlich nicht wissen, welch aufschlußreiche Szene die beiden verschieden geborenen, aber artverwandten Männer miteinander aufführen werden[6]; aber wenn Charlus einstweilen als Geliebter der Frau seines Freundes Swann gilt, sind wir da nicht vor aller Berichtigung schon gewarnt vor den Zuordnungen, an die man in Combray so gerne glaubt? Und schließlich, sagt der Erzähler denn nicht ausdrücklich, man werde noch sehen *(on verra plus tard)*[7], welch wichtige Rolle die frühe Beobachtung eines lesbisch-sadistischen Aktes in seinem Leben einst spielen werde?

Charles Swann kommt abends zu Besuch: so beginnt, was die Handlung betrifft, der Roman.[8] Er kommt als Nachbar und aus alter Anhänglichkeit; sein Vater war mit dem Großvater Marcels befreundet gewesen (wir sagen »Marcel«, einfachheitshalber; der Erzähler wird erst in der Mitte des Werkes, und nur versuchsweise, diesen Namen annehmen).[9] Und Swann kommt allein, seine Gattin empfängt man nicht; er ist eine Mésalliance eingegangen. Nicht weil er als vornehmer Herr unter seinem Stande geheiratet hätte, sondern weil er als Sohn eines unbescholtenen Maklers eine unbürgerlich-leichtlebige Dame geehelicht hat. Odette ist damit von Anfang an zutreffend eingestuft, doch man weiß nichts von ihr – nicht einmal daß sie die junge Freundin von Onkel Adolphe gewesen ist (übrigens ein chronologisches Rätsel).[10] Wenn aber von Swann verlautet, daß er in höchsten Kreisen verkehre, wird das als Absurdität belächelt; so oft allerdings und so wider glaubhaftes Zeugnis, daß der Leser wohl merkt, wie es wirklich steht. Das Kastendenken von Combray – man weiß ein für allemal, wo jemand hingehört[11] – läßt nicht zu, daß der Sohn eines Maklers den Prinzen von Wales kennt. »Unsere soziale Persönlichkeit wird vom Denken der Andern hervorgebracht.«

Täuschungen, Mißverständnisse. Marcel sieht Gilberte zum erstenmal, für Sekunden; und das Mädchen benützt den Augenblick, um dem Knaben Geringschätzung (wie er meint) *par un petit geste* zu bekunden.[12] Wieviel Zeit wird vergehen, bis er erfährt, daß sie ihm ihre Freundschaft hatte antragen wollen. Auf einem Spielplatz der Champs-Elysées trifft er sie wieder; der bisher gleichgültige Ort, »wo nichts sich mit meinen Träumen verband«, gewinnt magische Anziehungskraft. Nun sieht aber die Wirklichkeit zu Marcels Kummer so aus, als wäre Gilberte nur eben ein Spielkamerad und nicht *une âme sœur,* die zu ihm zurückgekehrt ist.[13] Wirklichkeit demnach als Täuschung? Tatsächlich – wie sich viel später herausstellt; doch sind die verschwisterten Seelen inzwischen auf den Irrwegen der Wirklichkeit weitergegangen.

Ob man Legrandin beim ersten Lesen als eine Schlüsselfigur erkennt? Jedenfalls sollte man ihn im Auge behalten. Er ist Snob und predigt den Antisnobismus; soviel steht fest. Freiwillig, wie er behauptet, hält er sich der Gesellschaft fern; kann er jedoch eine Dame von Stand zu ihrer Equipage begleiten, so kennt er seine bürgerlichen Freunde nicht mehr und wird zum »willenlosen, mechanischen Spielzeug des Glücks«.[14] Nicht ernstzunehmen; und doch. Die Landschaftsadoration, die er den Eitelkeiten des Menschenlebens entgegensetzt, mag einen echten Protest gegen die Entfremdung des *grand monde* von der Natur enthalten. Man wird auch davon noch hören...

Traum und Täuschung: wen beträfen sie gründlicher – und deutlicher zukunftsträchtig – als die Familie Guermantes? die alten Lehensherren, deren Geschichte sich in der »merowingischen Nacht« verliert und die sich Marcel nur *en tapisserie* vorstellen kann, obwohl er weiß, daß die Herzogin und der Herzog leibhaftig auf Erden wandeln.[15] Dann aber sieht er Mme de Guermantes und muß sich fragen, ob diese Gestalt vielleicht gar nichts ahnt von dem Namen, den man ihr zuschreibt, und »einen Frauentypus verkörpert, der auch Arzt- und Kaufmannsgattinnen einschließt«.[16] Das kann nicht sein; doch welcher Abgrund zwischen Vorstellung und Wirklichkeit. Indes, ganz sicher darf man sich auch hier nicht fühlen, daß die Vorstellung nur einfach falsch war und die Wirklichkeit völlig wahr ist.

Hintergrund aller Bilder und Einbildungen ist das gute alte, das fromme Frankreich, in welchem Natur und Kunst noch verbunden sind. Es lebt fort in der Küche der Haushälterin Françoise (ihre Speisekammer wird einem Venustempel verglichen, wo die Erstlinge des Feldes dargebracht werden).[17] Es lebt weiter im Duft *(catholique et délicieux)* der blühenden Hecken.[18] Der Kirchturm von Combray (»der sich vor mir erhob wie der Finger Gottes«)[19], die bäurischen Portalfiguren von Saint-André-des-Champs geben Zeugnis von ihm[20], und die Frauen, von denen Marcel zu träumen beginnt, sind aus der Landschaft und ihrer Geschichte noch nicht zu lösen.[21]

Die Geographie ist beständig; aber wir täuschen uns auch in ihr. Die scheinbar getrennten Wege nach Méséglise (nach der Seite, wo Swann wohnt) und nach Guermantes, sie werden eines Tages ihren Zusammenhang preisgeben[22] – dem, der den Überblick endlich gewonnen, doch inzwischen die Menschen, mit denen er diese Wege, diesen Weg ging, verloren hat. Früheste Natureindrücke werden sich späteren Erlebnissen einweben, und was Marcel zwischen Guermantes und Méséglise wahrnimmt, wird einst *(pour l'avenir)* Anlaß zu vielen Enttäuschungen, auch zu Irrtümern sein: wie »oft habe ich die Beziehung zu einer Person gesucht, nur weil sie mich an eine blühende Hecke erinnerte, und eine Neigung zu erneuern vermeint, wo es mir bloß um eine Reise zu tun war«.[23]

Auch die Reise beginnt im Traum und endet in der Entzauberung. Aus dem Namen einer Stadt, der ihre Individualität ins Personhafte steigert, entsteht eine Hoffnung, vergleichbar der Zuversicht früher Christen, die des nahenden Paradieses harrten.[24] Die Absicht aber, diese

Stadt tatsächlich zu besuchen, läßt sie dann nicht nur aus dem »abstrakten Raum«, sondern auch aus der »imaginären Zeit« heraustreten, worin sie mit andern zugleich ihren Platz einnahm; und ihre Dome und Türme sollen sich nun in den eigenen Lebensplan *(dans le plan de ma propre vie)* einfügen.[25]

Marcel möchte – sind wir nicht schon darauf vorbereitet? – Schriftsteller werden. Ein Traum auch dies; der aber die Frage weckt, was er in künftiger Wirklichkeit denn wird schreiben wollen. Romane? Verse? Das wird ihm nicht greifbar.[26] Andererseits spürt er den Anspruch, sich vor der Natur, vor dem Anblick des Landes nicht nur bewundernd, sondern artikuliert zu verhalten.[27] Und so entsteht jene erste Seite, auf der er beschreibt, wie die Türme von Martinville auseinandertreten und sich wieder vereinigen, je nach dem Ort, von dem aus man sie in der fahrenden Kutsche erblickt.[28] Ein Anfang, ein Keim; wovon und wozu? Die »*Recherche*« ist – war von Anfang an – auch ihre eigene Entstehungsgeschichte.

Der Erzähler wacht auf in der Nacht.[29] Wo ist er? Der Schlaf hat die Zeit aufgehoben, den Raum entgrenzt; es kann eine Weile dauern, bis der »Schutzengel der Gewißheit« zurückkehrt, Erinnerung wiederbringt und die Persönlichkeit in ihre Gegenwart stellt. Zugleich mit solcher Selbstversicherung erkämpft sich das Gedächtnis versunkene Landstriche, die wir nicht mehr betreten, aber unserem Bewußtsein erschließen können. In den vergangenen Dingen suchen wir »nach dem Widerschein unserer Seele« und meinen, wir fänden so auch den Glauben wieder, der ihnen Wirklichkeit gab, »als ob in ihnen und nicht in uns das Göttliche wohnte«, als wäre die Ungläubigkeit nicht in uns selbst, sondern durch den Tod der Götter entstanden.[30]

Das ist der äußerste Rahmen der »*Recherche*«; ein dünner Rahmen, gemessen an den Dimensionen des Werks, aber nach dreitausend Seiten wird er von neuem sichtbar. Ausführlicher ist dort die Rede vom Wiedererscheinen des Unwiederbringlichen, und von den äußern Anstößen dazu: ein bestimmter Lackgeruch, der Geschmack einer Madeleine, die man in Tee getaucht hat, das Gefühl einer Stufe unter dem Fuß, das Summen der Fliegen, das die Essenz schöner Sommertage bewahrt hat.[31] In »*Le temps retrouvé*« kommt das Erinnern an sein Ziel: zur letzten Verrechnung der Illusionen mit dem Leidensweg ihres Zerfalls.

In den Anfangskapiteln sind es die Illusionen, die Träume und Täuschungen, die, kaum erst angefochten, in den Raum der Erinnerung einströmen. Noch ruht die Vergangenheit in den Bildern der *lanterne magique*[32]; noch ist »*François le champi*« der Inbegriff der erfundenen Geschichte[33]; noch gilt Bergotte, der Schriftsteller, als verklärter Prophet, und Vinteuil, der Komponist, als bedauernswerter Klavierlehrer.[34] Noch hat Marcel die Enttäuschung des ersten Theaterbesuchs nicht erlitten; er wähnt (ganz zu Unrecht?), daß jeder einzelne Zuschauer wie durch ein Stereoskop ein für ihn allein bestimmtes Szenenbild sehe; und solange er Schauspielkunst nicht erlebt hat, ist sie es, die ihm die höchste Emanation von Kunst überhaupt bedeutet.[35]

Elstir, der Maler, als *Monsieur Biche* zwar mit Swann bekannt[36], aber uns nicht erkennbar, wird später auftreten und Marcel in *den* Bereich führen, wo keine Entzauberung droht. Doch von Gemälden ist früh die Rede; als Bildungsgut stellen sie sich um den Knaben auf; und wiederum wird die Erinnerung jener Zeit mit alten Kupferstichen verglichen, dank deren wir uns eine Vorstellung von zerstörten, verlorenen Meisterwerken der Vergangenheit machen.[37] Rekonstruktion eines früheren Daseins und auch der eigenen Eindrücke, »die unser Leben einst formten; die Erinnerung an ein bestimmtes Bild *(une certaine image)* ist bloß Trauer um einen bestimmten Augenblick; und die Häuser, die Straßen durch Land und Stadt, sie schwinden dahin, nicht anders, ach, als die Jahre«.[38] So endet der erste Teil der *»Recherche«*.

II
Swann

Charles Swann ist neben dem Erzähler selbst, und in enger Verbindung mit ihm, die früheste Gestalt des Romans *»A la recherche du temps perdu«*. Die einzige Episode in dem großen Fragment *»Jean Santeuil«*, das der *»Recherche«* voranging (aber erst nach dem Tod Marcel Prousts gedruckt worden ist) – die einzige, die in dem späteren Werk genau gleich wieder vorkommt, ist dort ein Erlebnis der Titelfigur, die dem Erzähler der *»Recherche«* entspricht, hier aber gehört sie zu Swanns Geschichte: zur Geschichte des eifersüchtigen Liebhabers, dessen Erfahrungen sich in Marcels Leiden um Albertine wiederholen werden.

Der Früheste, Swann ist es auch in dem Sinn, daß er für den, dessen Kindheit erinnert wird, der erste nicht zur Familie oder zum Haus gehörige Erwachsene war. Er erschien, ein häufiger Besuch, zu der Abendstunde, »da in mir jene Bangnis erwachte, die später in die Liebe übersiedelt und für immer untrennbar zu ihr gehören kann«.[1] Die Bangnis in der Liebe: für Marcel beginnt sie beim Warten auf die Mutter, Swann wird von ihr gepeinigt in seiner Abhängigkeit von Odette, und die Geschichte dieser einen Beziehung – *»Un amour de Swann«* – steht, für viele andere wegweisend, als Roman im Roman, formal nicht unähnlich den Kapiteln »Die Mitteilung« und »Der Rückblick« in Stifters »Nachsommer«.

Die Bangnis wächst und vergeht in der Liebe je nach der Unsicherheit oder nach der Gewißheit, die das Verhalten des Andern erzeugt. Wenn der Knabe fest damit rechnen kann, daß die Mutter ihm das »Viatikum« ihres Gutenachtkusses bringen wird[2], schwinden seine Ängste, und das Kommen der Mutter verliert seine Dringlichkeit. So auch im Verkehr zwischen Swann und Odette, zwischen Marcel und Gilberte.[3] Und ebenso wird sich das Verlangen nach Albertine steigern und wieder verringern, entsprechend dem Grad ihrer vermuteten Unerreichbarkeit, ihrer vermeintlichen Untreue.[4] Von der Bangnis endgültig geheilt ist, wer nicht mehr liebt; die Qual der Ungewißheit kann über den Tod der Geliebten (Albertine, für Marcel), aber nicht über den Tod der Liebe fortdauern; aus dem umgetriebenen Liebhaber Swann wird der unbesorgte Ehemann Odettes, die ihm nun gleichgültig ist.

So tritt aber auch ein Gesetz zutage, das in der Liebeskunde des Erzählers eine wichtige Rolle spielen wird. Odette ist für Swann (und nicht erst für ihn) eine leichte Eroberung; je notwendiger sie ihm dann wird, desto weniger kann er ihrer sicher sein; als er schließlich entdeckt, daß sie gar nicht sein *genre* ist[5], gehört sie ihm endgültig an. Da nun Marcel für Mme de Guermantes schwärmt, gelingt es ihm nicht, die Herzogin für sich einzunehmen; denn »der Ekel, den einer Frau, die nicht liebt, der Mann einflößt, der sie liebt«, ist unüberwindlich.[6] Da aber Marcel aufhört, sich für die Dame zu interessieren, bewirkt eben dies, daß er ihre Freundschaft gewinnt: *une amabilité, une amitié qui ne m'importaient plus*.[7]

Swann, später Saint-Loup, noch später Marcel, gleichzeitig Charlus – und einige Nebenfiguren – werden von dem *sentiment de vénération* ergriffen, von der Hörigkeit eigentlich, in die »wir« (der Gesetzmäßigkeit entspricht dieses »wir«) gegenüber jenen geraten, die »ohne Hemmung die Macht, uns wehzutun, ausüben«.[8] Da wird die Geliebte (oder der Geliebte) zum Quälgeist. »Es ist gesagt worden, das Schweigen sei eine Kraft; in einem ganz anderen Sinn ist es eine schreckliche Kraft, über die verfügt, wer geliebt wird. Es vermehrt die angstvolle Unruhe dessen, der wartet. Nichts lädt so sehr ein, sich einem Menschen zu nähern, wie das, was uns von ihm trennt, und welche Schranke ist so unüberwindlich wie das Schweigen?«[9] Der Versuch, sich in einer Liebesbeziehung durch solches Schweigen, durch kalkuliertes Verhalten zu behaupten, wird in der *»Recherche«* oft unternommen, doch scheitert er meistens an den Gefühlen des verliebten Taktikers selbst.

»Swann war nicht mehr der gleiche. Nie mehr kam ein Brief von ihm, worin er den Wunsch äußerte, eine Frau kennenzulernen.«[10] Die Leidenschaft für Odette hat von ihm Besitz ergriffen, und nicht ohne Stolz vermutet er, man werde die Veränderung bemerken: das »ließ ihn spüren, daß er das Leben der Männer führte, zu deren Existenz eine Liebesaffäre gehört...« So baut die Liebe den Menschen um. Da Marcel nur noch an Mme de Guermantes denkt, fühlt er sich, »als wäre ein Teil meiner Brust von einem geschickten Chirurgen entfernt und durch ebensoviel körperlosen Schmerz, durch gleich große Anteile von Sehnsucht und Liebe ersetzt worden«.[11]

Und wiederum zeigt das Beispiel, das Vorbild Swanns, daß ein Rest von Reflexion wie ein kühlender Hauch das Gemüt des gepeinigten Liebhabers anrühren kann. Ein Geständnis Odettes bringt ihn der Verzweiflung nahe, doch selbst »während er in einem Maße litt, daß er glaubte, den Schmerz nicht lange ertragen zu können, sagte er sich: ›Das Leben ist wirklich sonderbar; schöne Überraschungen hält es bereit‹...«[12] Und obwohl er sich in argwöhnischen Mutmaßungen über das ihm verborgene Tun der Geliebten ergeht, weiß er zugleich, daß nicht dieses Tun ihn unglücklich macht, sondern er sich selbst; denn in ihm steckt die Krankheit[13] – so gut wie die *petite phrase* in Vinteuils Violinsonate, als »Nationalhymne« seiner Beziehung zu Odette, nicht in den Noten steht, sondern in seiner Seele.[14]

Doch sind in der *»Recherche«* verschiedene Grade und Formen der Reflexion dargestellt. Robert de Saint-Loup, der große Freund des Erzählers, ist den Launen seiner Maitresse wehrlos ausgeliefert; Charlus wird von schönen jungen Männern zwar unwiderstehlich angezogen, aber die Gewohnheit, seine Neigungen zu verbergen, und sein pathologischer Hochmut sorgen für Brechungen – wenn auch kaum für Kontrolle – seiner Gefühle. Swann beobachtet sich, mit dem gleichen Erfolg. Und in die Erlebnisse des Erzählers fließt immerfort die nachträgliche Einsicht mit ein: was Marcel empfindet, sich einredet, unternimmt, wird schon durch den Rückblick als solchen – durch die bloße Tatsache, daß anderes sich dazwischen geschoben hat – relativiert.

Das Thema der Eifersucht beherrscht schon den *»Jean Santeuil«*, es ist Urstoff für Prousts Erzählen. Das Verhör, das Jean mit Françoise anstellt, wiederholt sich zwischen Swann und Odette[15] und nochmals zwischen Marcel und Albertine. Doch auf die Parallele zwischen Swann und dem Erzähler (die aus deren Identität in dem frühern Fragment stammt) ist nicht immer Verlaß.

Swann kann sich eines Tages das Leid nicht mehr vorstellen, das ihm Odettes Verhalten bereitet hat und von dem er sich gar nicht »denken konnte, daß es ihn jemals freigeben würde – nur der Tod der Geliebten ... wäre imstande, den ganz versperrten Weg seines Lebens ihm wieder zu ebnen«. Wo wir drei Punkte gesetzt haben, steht in Klammern: »der Tod, der – wie ein grausamer Gegenbeweis in diesem Buche noch zeigen wird – nichts an den Qualen der Eifersucht mindert«[16]: auch dies ein Zeugnis des Vorausblicks, mit dem Proust sein Werk komponierte. Swann aber erfährt – und auch das ist ein Leitmotiv –, daß die Sorge, er könnte einst seine Leidenschaft für Odette verlieren, gegenstandslos wird: »denn dem Schwinden seiner Liebe entsprach nun ein Schwinden seines Wunsches, verliebt zu bleiben. Man kann sich nicht ändern – eine andere Person werden – und dabei den Gefühlen derjenigen weiter gehorchen, die man ja nicht mehr ist«.[17]

Nicht die Liebe allein, ihr Entstehen und Ausklingen, bewirkt die Verwandlungen Swanns. Er ist auch darin ein Abkömmling Jean Santeuils und dem Erzähler der *»Recherche«* vergleichbar, daß er aus bürgerlichen Verhältnissen stammt, aber in aristokratischen Zirkeln aufgenommen wird, vom Jockey-Club bis zur *coterie* der Familie Guermantes, zum innersten Bezirk des Faubourg Saint-Germain. Dieser Vorgang wird in *»Jean Santeuil«* sorgfältig begründet, mit dem Ergebnis, daß ein Moment der Berechnung, des *social climbing* sich einstellt. Jeans gesellschaftlicher Erfolg kann sich noch, wie bei anderen Helden der Romanliteratur, aus seinen persönlichen Vorzügen erklären. Bei Marcel erscheint er als eine Mischung von Zufall und Selbstverständlichkeit, und Proust legt Wert darauf, daß sich die hochadligen Kreise für seinen Erzähler sehr rasch entzaubern.

Wie Swann zu so vornehmem Umgang gekommen ist, hört man nicht. Man erfährt nur, daß er den Ton, den Konversationsstil, den *esprit de Guermantes* vollkommen beherrscht und daß man seine Kennerschaft, seinen Geschmack, seinen Witz bewundert. Er bleibt der Freund großer Herren und Damen auch nach seiner Heirat mit Odette (die aber nicht empfangen wird, so wenig wie – was ihn mehr schmerzt – die Tochter Gilberte).[18] Und als er im Alter und unter dem Eindruck der Dreyfus-Affäre seine jüdische Herkunft entschieden zur Geltung bringt, erschüttert auch das sein gesellschaftliches Ansehen nicht. Inzwischen hat er jedoch einen neuen Ehrgeiz entwickelt: um seiner Frau wenigsten *den* Verkehr zu ermöglichen, der ihr erreichbar ist, knüpft er Beziehungen zu Autoritäten im bürgerlichen Paris an, die er zuvor keines Blickes gewürdigt hätte. Da ist nun – in Odettes Salon – ein *directeur du cabinet,* ein höherer Ministerialbeamter, schon eine große Nummer; und Swann, noch immer ein Freund des Prinzen von Wales, rühmt sich seiner Bekanntschaft.[19]

Nicht mehr sein sozialer Status ändert sich also, aber seine sozialen Interessen variieren, und die Sympathien passen sich den Interessen an. Wie reizend konnte er Mme Verdurin finden, solange sie seine Beziehung zu Odette begünstigte, und wie gingen ihm die Augen über ihre Nichtswürdigkeit auf, da sie ihm Odette zu entfremden versuchte. Für den Erzähler verkörpert Swann zuerst den gebildeten, ausgesucht höflichen Bürger, dann den aristokratischen Lebemann, den *arbiter elegantiarum*.

Später ist er für ihn der Vater Gilbertes und damit ein Halbgott, der ihm den Zugang zu einem Heiligtum lange verwehrt. Schließlich kann Marcel zu der Tochter vordringen *(La vie est semée de ces miracles que peuvent toujours espérer les personnes qui aiment)*[20], und er gewinnt in Swann einen Mentor, den er sich über die Trennung von Gilberte hinaus wird erhalten können. Wandlungen: teils der Person und teils ihres Bildes im Geist der Anderen – aber wie sicher läßt sich das trennen?

III
Der Figurenteppich

Marcel fährt nach Balbec. Das Seebad an der Atlantikküste fasziniert ihn seit langem, denn Swann hat ihm von der Kirche des Städtchens gesprochen, deren Fassade »etwas Persisches« habe. Die Kirche, auf den ersten Blick entzaubert, wird während dieses und eines zweiten Aufenthalts keine Rolle mehr spielen. Das Leben, monatelang, in dem anfangs bedrohlich-fremden, doch bald schon vertrauten Hotel mit seinen gutbürgerlichen Gästen; Fahrten in die Umgebung, wo sich die Schönheit des Landes in Frauengestalten verkörpert[1]; der Anblick, sehnsüchtig-fern über lange Zeit, junger Mädchen am Strand; die Bekanntschaft, dann Freundschaft mit einem adligen Offizier; das Zusammenleben mit der ihm so eng verbundenen Großmutter: aus diesen Grundelementen baut sich die Existenz des Jünglings nun auf; die Liebe zu Gilberte gehört der Vergangenheit an, die Welt der Guermantes ist noch ein Mysterium.

Marcel – der Erzähler. Da wir die vielen Figuren des Werks durch ihn sehen, durch seine Augen, müssen wir uns ein ungefähres Bild von ihm machen. Der Siebzehn- bis Neunzehnjährige ist für unsere Begriffe intellektuell frühreif; er begegnet Bergotte, dem Dichter, bei Mme Swann in Paris und Elstir, dem Maler, in seinem Atelier am Rande von Balbec als ehrerbietiger, aber auch ernstgenommener Gesprächspartner. Bergotte erkennt in ihm sogleich die gefährdete, hypersensible Künstlernatur, den Patienten beinahe.[2] Der Marquis de Norpois, mit

Marcels Vater befreundet und ein nichts weniger als verständnisvoller Ratgeber des Sohnes, erklärt ihn für einen *flatteur à moitié hystérique.*[3] Seine Gesundheit ist schwankend, durch asthmatische Beschwerden bedroht, die er zum Kummer seiner Großmutter mit alkoholischen Getränken in Schach hält; sein psychisches Gleichgewicht leidet unter der Krankheit wie unter der Therapie. In späteren Jahren wird er sich oft und lange in Sanatorien aufhalten.

Geistig überwach, seelisch überempfindlich, erotisch überempfänglich nicht aus gesunder Vitalität, sondern aus nervösem Anlehnungsbedürfnis, ist er ein Mensch, der sich pflegen, schützen, bedienen läßt und in kindlichen Abhängigkeiten verharrt; zu Hause auf Mutter und Großmutter angewiesen noch in der Zeit, da er nach außen hin ein mondänes Leben zu führen beginnt (und auch da eines sorgenden Freundes bedarf). Mehrmals behauptet er, daß die Beobachtungsgabe ihm fehle[4]: was eine merkwürdig schwerfällige Koketterie wäre, wenn es nicht vielleicht hieße, er stehe den Eindrücken immer schon passiv so offen, daß er sie gar nicht erst sammeln müsse. Und tatsächlich findet er schließlich seine literarische Sendung darin, daß er nur aufschreibt, was an erinnertem Leben gleichsam von selbst in ihm ausgereift ist.

Vom Erzähler ist hier die Rede – nicht vom Verfasser. »Die Ähnlichkeit soll unverkennbar sein«, aber sie kümmert uns ebenso wenig wie die zwischen Personen des Romans und Bekannten Prousts. Der Text, den wir für seine Leser erschließen wollen, wird nicht erhellt durch solche – zwar an sich reizvolle – Bezüge. Aufschlußreicher, wenigstens in literarhistorischer Hinsicht, sind Anklänge an die Lektüre des Autors. Etwa wenn Fürst und Fürstin Guermantes einander nicht zu gestehen wagen, daß sie an die Unschuld des Hauptmanns Dreyfus glauben, und der gemeinsame Beichtvater muß ihnen aus ihrer Not helfen: eine Episode, wie sie sich bei Saint-Simon zwischen Chevreuse und Beauvillier abspielt. Oder wenn Marcel erklärt, der Marquis de Norpois erinnere ihn an den Grafen Mosca in »*La Chartreuse de Parme*«: eine Assoziation, der Proust ja durch die Charakterisierung Norpois' den Weg ebnen konnte.[5]

Der Leser wird mit dem Erzähler die Bereitschaft teilen, verschiedenste Menschen und Gruppen wahrzunehmen, und wird wie er allmählich erkennen, wie sie unter sich zusammenhängen: enger, als es einem »realistischen« Roman wohl anstünde. Marcel weiß von dem Kreis um die tyrannisch-gesellige Mme Verdurin, in dem Odette de Crécy verkehrte und dann auch Swann. In Balbec sucht er Elstir auf und findet bei ihm ein Porträt der jungen Odette – der Maler hat selbst zu dem *petit noyau* gehört. Und da er zum zweiten Male nach Balbec kommt, begegnet Marcel einem verarmten Edelmann, der kein anderer ist als Crécy, durch den das Mädchen aus der Bohème zu seinem wohlklingenden Namen gekommen war. Auch die Verdurins sind nun mit ihren Getreuen ans Meer gezogen und haben sich in einer Villa der Cambremer eingemietet – Mme de Cambremer aber ist Legrandins Schwester und stammt aus Combray. Aus Combray, wie die Guermantes. Und der Herr, der dort als Odettes Geliebter gegolten hatte, Baron Charlus, erscheint seinerseits in Balbec, schon während Marcels erstem Aufenthalt. Soeben hat Mme de Villeparisis, seine mit Norpois liierte Tante, dort in der Großmutter des Erzählers eine Jugendfreundin erkannt, und ihr Großneffe, Robert de Saint-Loup, wird Marcels Freund. Sie alle sind Guermantes: Charlus der Bruder des Herzogs, Mme de Villeparisis die Tante des Herzogs sowohl wie der Herzogin, Robert ihr Neffe.

Die Schauspielerin, um die Robert leidet, ist identisch mit einem Mädchen, das Marcel in einem Bordell gesehen hat.[6] Und der junge Geiger, um den Charlus leidet, ist der Sohn oder Neffe des Kammerdieners bei Marcels Onkel Adolphe, der einer von Odettes Liebhabern war. Wie seinerzeit Swann wegen Odette, so wird Charlus diesem Morel zuliebe bei den nicht eben aristokratischen Verdurins verkehren. Übrigens treibt er es mit dem Schneider Jupien, dessen Nichte von Morel verführt, von Charlus dann aber mit dem jungen Cambremer verheiratet wird...

In Odettes Salon hat Marcel zum erstenmal von einer Nichte der Mme Bontemps gehört: von Albertine. In Balbec begegnet er ihr und ihren Freundinnen. Und alsbald wird das Beziehungsnetz zwischen Lesbierinnen sichtbar, das Albertine mit der Tochter des Komponisten Vinteuil in Combray verbindet. In der letzten Zeit seiner Freundschaft mit Gilberte hat Marcel zu seinem Schmerz die Gefährtin mit einem Mann zusammen gesehen, aber das war, wie er nun erfährt, die übel beleumdete Unterhaltungskünstlerin Lea, in Männerkleidung; und eifersüchtig ist er auf sie jetzt um Albertines willen. Übrigens ist Lea mit den Schwestern seines Schulkameraden Bloch befreundet, welcher sich gleichfalls mitsamt den Seinen in Balbec aufhält...

Nicht angebliche Zufälle bringen diese Personen und

viele andere noch in solche Verbindungen; so wenig wie eine seltsame Fügung bewirkt, daß in *»Le temps retrouvé«* der Erzähler, im Krieg nach Paris zurückgekehrt, auf einem Streifzug durch die verdunkelte Stadt sogleich wieder Charlus antrifft und Saint-Loup beobachtet; oder daß er in Venedig die uralt gewordenen Liebesleute Mme de Villeparisis und M. de Norpois sieht und gleich danach ein verstümmeltes Telegramm erhält, das von Albertine (aber sie ist doch gestorben?) abgeschickt scheint, in dem aber tatsächlich Gilberte ihre Heirat mit Saint-Loup anzeigt; oder daß ein Prozeß erwähnt wird, den einzig die Aussage eines hochangesehenen Zeugen entscheidet, und der ist nun wiederum Morel, der sich von Saint-Loup und einem gleichartigen Freund hat aushalten lassen.[7]

All das soll nicht »wahrscheinlich« sein. Was Proust anstrebt, ist ein möglichst dichtes Gesellschaftsbild, eine Komposition, in der sich Geschehenes und Gesehenes sammelt und gerade das Zufällige keinen Platz hat, ein Teppich, auf dem die Figuren ohne unnötigen Zwischenraum angeordnet sind. Die Handlung spielt wirklich nur an fünf Orten, an den Haupt-Orten Combray, Paris und Balbec und an den zwei Nebenschauplätzen Doncières und Venedig; und sie spielt zwischen vielen Personen, in die aber eine noch größere Zahl von Vor-Bildern, menschlichen Skizzen verschmolzen ist.

Wenn im Speisesaal des Grandhotels von Balbec das elektrische Licht angeht und die Gäste sich zum Diner einfinden, drängen sich draußen die Einheimischen – Kleinbürger, arbeitendes Volk – an den großen Fensterscheiben wie vor einem Aquarium, um das langsam sich wiegende Luxusleben im Inneren zu beobachten; auch der eine oder andere Schriftsteller, »Liebhaber der menschlichen Ichtyologie«, mag sich unter die Menge mischen.[8] Als Marcel später eine Galavorstellung der Pariser Oper besucht, sieht er von seinem Platz im Parkett aus die Nymphen in ihren Grotten – den Logen – erscheinen und einen schwebenden Verkehr mit Halbgöttern des Meers unterhalten: eine Unterwasser-Mythologie der Gesellschaft, gründend auf jenen beiden Bestandteilen der äußeren Wirklichkeit, die keine der unsern verwandte Seele besitzen: auf dem Gestein und auf den Personen, mit denen wir nicht in Verbindung stehen.[9] Was hier vor sich geht, kann nur Schein, nur ein Spiel sein, profanen Blicken dargeboten, um die Arcana eines Lebens zu verhüllen, das in unsichtbaren Räumen nach unbegreiflichen Regeln verläuft.

Wirklichkeit, für unwirkliche Vorspiegelung gehalten. Die bürgerlichen Honoratioren im Grandhotel, die in der Prinzessin von Luxemburg eine Hochstaplerin wittern[10], lassen sich durch ihr aggressives Standesbewußtsein, Marcel läßt sich durch seine Ehrfurcht vor Namen und historischem Rang daran hindern, die Personen für das zu nehmen, was sie sind: für nicht weniger und nicht mehr, als was sie zu sein scheinen. Er stellt sich die Gäste an der Tafel des Duc de Guermantes als eine Versammlung vor wie die der Apostel der Sainte-Chapelle, Teilnehmer an einer Art von *Cène sociale*.[11] Dann nimmt er selbst an einem solchen Mahle teil, und es streift ihn nun doch der Verdacht (aber er weist ihn noch als absurd zurück), es könnten die Eingeladenen auch, wenn er nicht dabei sei, nur eben um solcher Nachtessen willen Toilette machen und Bürgersleuten ihren Salon verschließen.[12] Da muß anderes, Höheres mit im Spiel sein. Allerdings kommt er später zur Einsicht, daß der Herzog von Bouillon identisch ist mit einem alten Männchen, das aussieht wie der Notar von Combray.[13] Und der Fürst von Agrigent stellt sich dar als der einzige Herr, der so heißt, doch zugleich als der einzige, der es so wenig ist.[14]

Entmythologisierung: die Personen verlieren ihren Nimbus, die Namen ihre Magie, und dies auch in der Form, daß Gelehrte – der Professor, der Pfarrer – die Namen so lange erklären, bis nur noch Wörter übrig sind. Indessen muß der Leser eine Wendung beachten, die in manchen Varianten wieder- und wiederkehrt: man war in dem Wahn befangen – und hatte nicht völlig Unrecht; *en quoi il ne se trompait pas absolument* oder *qu'à moitié*... Gewiß ist der Fürst von Agrigent kein überwirkliches Wesen, und seine Person scheint den Titel, den er trägt, Lügen zu strafen; und ein Herzog von Bouillon, der aussieht wie ein Notar, verdient keinen größern Respekt – als ein Notar? So weit sollte man doch nicht gehen. Die beiden Herren gehören nun einmal zur Großen Welt, die nichts dafür kann, wenn wir sie uns noch größer gedacht haben, als sie ist und zu sein beansprucht. Die Nobilität übertrieben wichtig zu finden, ist Sache des Snobs; und sie nur ja nicht ernst zu nehmen, ist bloß eine andere Form des Snobismus (worauf wir zurückkommen). Hannibal de Bréauté und Charlus heißen einander »Mémé« und »Babal«, ihre Spitz- oder Kosenamen sind Mittel intimer Verständigung, aber kein Geheimcode; ein Außenstehender kann eines Tages gewürdigt werden, daß eine Adelsperson ihm von »Bibi« spricht, und es bleibt seinem Taktgefühl überlassen, ob er den Prinzen Chatellerault bei der nächsten Gelegenheit auch so nennen will.

Die Entmythologisierung kann eine Grenze erreichen, jenseits deren sie dem historischen Gehalt einer Gesellschaft von Erben (die teilweise wirklich nur Erben sind) nicht gerecht würde. Und der Erzähler kennt überdies eine Remythologisierung; denn »meine historische Neugier war gering im Vergleich zum ästhetischen Vergnügen«: er hört die großen Namen der Gäste, die der Duchesse de Guermantes gemeldet werden, und er findet sie dank diesen Namen befreit von der »Maske aus Fleisch und Unverstand oder gemeinem Verstand, die sie in irgendwelche Menschen *(en hommes quelconques)* verwandelt hatte«.[15] Die Freundschaft, die Marcel mit der Herzogin verbindet (nachdem seine Liebe erloschen ist, von der sie nichts hatte wissen wollen), beruht auf einem Mißverständnis, »das an den Tag kommen mußte, sobald meine Aufmerksamkeit nicht der vergleichsweise bedeutenden Frau gelten würde, die sie zu sein glaubte, sondern einer anderen, ebenso mittelmäßigen Frau mit der gleichen unabsichtlichen Ausstrahlung«.[16] Denn Marcels Blick geht über sie hinaus, durch sie hindurch in eine Welt, zu der sie ein angeborenes und eben deshalb kein angemessenes Verhältnis hat. Das bedarf der Erläuterung.

Es gehört zu den chronologischen Rätseln der *»Recherche«*, daß der noch kleine Marcel in der Kirche von Combray einer wohl kaum mehr jungen Duchesse de Guermantes ansichtig wird und zehn Jahre später in Paris dieser Dame mit seiner schwärmerischen Verehrung zur Last fällt. Als er sich dann, von verliebten Gefühlen befreit, ihrer Freundschaft gewürdigt, in ihren engeren Kreis gezogen sieht, ist er wohl etwa zwanzig Jahre alt, und Oriane de Guermantes müßte – nach gängiger Rechnung, zu der aber Fragezeichen gesetzt werden – fünfzig sein; was in der Tat nicht recht wahrscheinlich anmutet. Es gibt für das Rätsel nur eine, allerdings kühne Lösung: man müßte annehmen, daß Marcel in Combray die Schwiegermutter – oder möglicherweise die Mutter[17], denn Oriane ist auch eine geborene Guermantes – gesehen hat und erst in Paris der Schwiegertochter oder Tochter begegnet ist. Dagegen spricht, daß Proust jenes Kindheitserlebnis ganz offensichtlich mit keiner anderen als der einen Mme de Guermantes in Zusammenhang bringt; und dieses Argument ist so gut wie stichhaltig, es würde jede Widerrede ausschließen, wäre dem Autor nicht hin und wieder im langen Entstehungsprozeß des Romans eine Ungenauigkeit, eine Verwechslung innerhalb seines zahlreichen »Personals« unterlaufen. Doch ebensowohl kann die Ungenauigkeit auch die Chronologie betreffen; wie Odette de Crécy vor Marcels Geburt schon – und nach einigem Vorleben – Mme Swann geworden ist und dennoch dem etwa Zehnjährigen als junge Freundin seines Onkels erschienen sein soll. Wie immer dem sei, wir sind gut beraten, wenn wir uns die Herzogin so vorstellen, wie wir sie selber am liebsten anträfen. Demnach könnte sie zu Beginn von *»Le côté de Guermantes«* wohl Anfang dreißig sein und am Ende des Werks ihrem sechzigsten Jahr sich nähern.

Die »Seite« der Guermantes, das ist ein Stück Kindheitsgeographie, aber auch ein Windstrich im sozialen Kompaß; so wie man mit »Faubourg Saint-Germain« ein Pariser Quartier und zugleich eine Gesellschaftsschicht meint. Der Hochadel stellt sich in der Familie Guermantes dar, maßgeblich und trotzdem in einer freien Spielart: eben daß man sich im Kreis, in der *coterie* der Guermantes einen eigenen Stil gestattet, beweist ihre Maßgeblichkeit; während die Courvoisier, ebenso vornehm, aber ganz ohne Spielart, unter ihrem Mangel an Ausstrahlung leiden (soweit sie ihn feststellen).[18] Worin besteht nun die Spielart oder, wie auch gesagt wird, *l'esprit de Guermantes*? In einer unkonventionellen, respektlos-geistreichen Note, einem Anschein von Vorurteilslosigkeit – einer Neigung, Ausnahmen zu machen; die allerdings eine um so strengere Beobachtung der Regeln, der Konventionen erheischt, Respekt vor den eigenen Vorurteilen und den durch sie begünstigten, oft völlig geistlosen Adelspersonen.

Mme de Guermantes ist mit Charles Swann befreundet, dann mit dem Erzähler, mit Marcel, dessen noch halb pubertäre Verliebtheit sie anzuwidern schien, den sie aber zuletzt – in *»Le temps retrouvé«* – ihren ältesten Vertrauten nennt; zu seiner Verwunderung, denn er hat während Jahren der Abwesenheit nie ganz aufgehört, sich als Neuling in der aristokratischen Gesellschaft zu fühlen. Oriane *leistet sich* solche Freunde; sie weiß, daß die Courvoisier keinem Bürgerlichen und schon gar keinem Juden ihren Salon öffnen würden. Da sie aber die Kühnheit hat, sich die Freiheit nimmt, dies zu tun, muß sie doch auch verhindern, daß man ihren Salon für weniger exklusiv hält; sie trägt daher Sorge, Personen von nicht so recht hoher Geburt (die sie für langweilig und unwissend erklärt, vor allem die Frauen) fernzuhalten und den Verkehr mit Hoheiten (deren Charme, Klugheit und Kenntnisse sie zu bewundern vorgibt) zu pflegen.

Man könnte darin ein bewußt paradoxes Verhalten sehen und sich bestärkt fühlen durch die Herzogin selbst, die sich für einen Ball zurecht macht und dabei versichert, sie würde den Abend so gern am Kaminfeuer zubringen. Aber der Widerspruch löst sich auf, wenn man sieht, wieviel mehr ihr am Umgang mit Swann als an seiner Person liegt, wieviel mehr an der Stimmung des Kunstinteresses als an der Kunst, wieviel mehr an kleidsamer Nachdenklichkeit als an einem verbindlichen Denken. Sie hat Elstirs Bilder gesammelt, um die Gesellschaft durch ihren Spürsinn für ein noch nicht allgemein anerkanntes Genie zu verblüffen; als (und weil) Elstir Mode wird, trennt sie sich von seinen Bildern, und da sich sein Ruhm gefestigt hat, will sie in Skizzen, die noch in ihrem Besitz sind, den »wahren Elstir«, den sonst niemand kennt, entdeckt haben. Sie lästert über einen Text von Maeterlinck, der ihren Gästen – von Rachel, der Geliebten ihres Neffen Saint-Loup, rezitiert – lächerlich vorkam; später ist sie es gewesen, die für den nun etablierten Autor geworben hat. Ihre teils willkürlichen, teils doch nicht selbständigen Urteile verraten »Intelligenz und Sensibilität«, die »von der Nichtigkeit des Gesellschaftslebens verdorben« sind.[19]

Unter den Aussprüchen, mit denen Mme de Guermantes brilliert, gibt es Kleinode – Proust hat sie der Konversation im eigenen Umkreis entnommen –, sie passen aber nicht schlecht zu der Herzlosigkeit, mit der sich die Herzogin gegenüber Freunden verhalten kann und die auch ihr Hauspersonal zu spüren bekommt. So ist man nahe daran, in Oriane eine hochelegante, sehr schöne, scharfzüngige, ehrgeizig-kalte Dame der höchsten Kreise zu sehen, und all das ist sie, aber noch etwas mehr. Sie liebt es, einen Hauch von Ländlichkeit, einen leisen *goût du terroir* in ihr Reden, in ihre Sprache zu mischen. Der Adel ist in der Provinz verwurzelt – in der Nähe von Combray, was sie betrifft –, und ein klein wenig Bauer geblieben zu sein vermindert nicht, sondern steigert den aristokratischen Habitus. Und der Herzogin kommt es nun zwar nicht zu, eine bäurische Simplizität zu mimen *(»je suis* eun *bête, je parle comme une paysanne«)*[20]; aber halb wegen, halb trotz dieser Koketterie kann Marcel aus ihrer Sprechweise »die reine französische Anmut« heraushören, »die man nicht mehr findet, weder im Reden noch im Schreiben der heutigen Zeit«.[21]

Und mehr als das. Gerade in dem Augenblick, da der Erzähler dem unmittelbaren Zauber der jungen Herzogin nicht mehr erliegt, werden ihm zwei ihrer Merkmale wichtig und lieb: »ihre Augen, in denen wie auf einem Bild der blaue Nachmittagshimmel Frankreichs eingefangen war, weit geöffnet und von Licht überflutet«; »und eine Stimme, die man nach den ersten rauhen Tönen für beinahe gassenhaft halten konnte und in der, wie auf den Stufen der Kirche von Combray oder auf dem Gebäck am Platze, das träge und fette Gold der Provinzsonne schwamm«.[22] Eher unwillkürlich als beabsichtigt wird das doppelte Motiv wiederholt. »Ich begann«, erzählt Marcel fast dreihundert Seiten später, ihre Augen »zu kennen, so wie ihre Stimme, *si lourdement traînante, si âprement savoureuse*«; und: »ich sah im beständigen, stillen Nachmittag ihrer Augen den bläulichen, reinen Himmel der Ile-de-France oder der Champagne«.[23]

Man muß nicht fragen – nicht unbedingt –, wie genau dies alles zusammenpaßt. Die Personen der *»Recherche«* machen Wandlungen durch: erstens solche, die der

Autor zeigen will und die den Inhalt von Marcels Erzählung ausmachen; zweitens solche, die mit der langen Entstehungszeit des Romans und gegen das Ende mit dem allmählich schwindenden Überblick Prousts über sein Werk zu tun haben; drittens – und das mögen die bedeutsamsten sein – die nur scheinbaren Metamorphosen, die von der Aufeinanderfolge ihrer verschiedenen Erscheinungen herrühren. Das Gesicht der Herzogin erschließt sich schon dem verliebten Jüngling durch seine *apparitions successives,* und ihre Faszination geht »nicht abwechselnd von diesem oder jenem Teil des Körpers oder des Kleides« aus. »Was ich liebte, war die menschliche Person, die all dies in Bewegung setzte...«[24] Das heißt: die Gestalten Prousts sind aus ihrem Nach-und-Nach zu verstehen; wir haben sie als zeitlich strukturierte Wesen zu erfassen.

Einfacher gebaut, und doch auch nicht ohne inneren Widerspruch, steht der Duc de Guermantes neben seiner Gemahlin, ein Mann von gewinnender Liebenswürdigkeit und empörender Härte.[25] Er verbreitet voll Stolz *la dernière d'Oriane,* den neuesten Ausspruch der Herzogin, und er wirft ihr zerschmetternde Blicke zu, wenn sie unüberlegt daherredet. Kleine Unannehmlichkeiten hält er höchst fürsorglich von ihr ab, große bereitet er ihr durch seine notorische Untreue selbst. Auf dem Lande spielt er den Lehensherrn, in Paris befleißigt er sich höfischer Umgangsformen – er verkörpert eine »besondere Abart des Hoflebens unter Ludwig XIV.« Eine Abart ohnehin, weil ja in Versailles keine Charge dem Präsidium des Jockey-Clubs entsprach; und daß M. de Guermantes sich einmal sogar ins Parlament wählen läßt, ist ein doppelter Stilbruch, weil es der legitimistischen Grundhaltung widerspricht und ein feudalistisches Verantwortungsgefühl demonstriert, von dem die zeitgenössische Politik nichts mehr wissen will. Ähnlich unangemessen agiert er im persönlichen Bereich; etwa wenn er Marcels Mutter einen Besuch abstattet, weil deren Mutter im Sterben liegt: für ihn ein dramatischer Schritt über Standesschranken hinweg, für sie eine unzeitige Ablenkung von ihrer tatsächlich größeren Sorge.[26] Übrigens hält ihn die Großmutter Marcels ganz einfach für ordinär, und sie trifft damit eine, aber nur eine seiner zusammengewürfelten Eigenschaften. Sein waches und wachsames Traditionsbewußtsein hindert ihn auch nicht, ein unkultiviertes Französisch zu sprechen[27], und er bleibt trotzdem ein Zeuge des alten Frankreich.

Die Riten des Gesellschaftslebens spiegeln – und schaffen auch – Abstufungen innerhalb der Sphäre des Duc und der Duchesse de Guermantes. Hochgeborene Damen werden es nie erleben, daß Oriane sie besucht oder zu einem ihrer vielen Empfänge bittet. Sie können sie bei der Marquise de Villeparisis antreffen, denn dort erscheint sie, obwohl das Sozialprestige gerade dieser Gastgeberin unter irgend einem *passé* gelitten hat; aber Mme de Villeparisis ist ihre Tante, da gelten andere Maßstäbe – und doch nicht nur: ihr Kommen erregt immerhin den Neid der zwar angeseheneren Besucherinnen, zu denen Mme de Guermantes aber nicht geht, und die Marquise freut sich des Vorzugs, wiewohl sie natürlich weiß oder wissen müßte, daß sie ihn nur der Verwandtschaft verdankt. Das ist nun ein Beispiel für ungezählte. Fragen des Rangs und des Vorrangs werden im Faubourg Saint-Germain mit dem Eifer und der Médisance erörtert und ausgekostet, die Proust bei Saint-Simon studiert hat: todernst vom Baron de Charlus, den wir an anderer Stelle betrachten, etwas lockerer von Oriane und nach den *préceptes orgueilleusement humbles d'un snobisme évangélique* von ihrer Schwägerin Mme de Marsantes, der Mutter des Marquis de Saint-Loup.

Das ist ein anderer Fall: ein junger Adliger, Offizier, *galantuomo* mit dem wohlerworbenen Leumund eines solchen (er wird noch lange nicht wissen, daß seine betonte Männlichkeit einen weiblichen Grundzug verdeckt) und voller Ehrfurcht vor allem Geistigen. Er verachtet seine Gesellschaftsschicht wegen ihrer Ignoranz und möchte sich in den Augen intellektueller Freunde von ihr ausnehmen.[28] Daraus ergibt sich in seinem Verkehr mit Marcel ein ähnliches Mißverständnis wie zwischen Oriane, seiner Tante, und Marcel: er legt Wert darauf, als denkendes Individuum ernstgenommen zu werden, während der Freund in ihm *un être plus général que lui-même* sieht, nämlich gerade den Aristokraten, dessen Gebaren von einer überpersönlichen Disposition bestimmt wird.[29] So aber ist auch Saint-Loup ein Zeuge; und man tut gut daran, auf die wenigen, aber erstaunlich affirmativen Stellen zu achten, an denen Proust einen Menschenschlag mit patriotischem Stolz beschreibt. Die glückliche Verbindung »von Herz und Geist« in dem jungen Edelmann beruht auf ererbten Vorzügen, und »zum unsterblichen Ruhme Frankreichs muß man schon sagen, daß diese Vorzüge, wenn sie sich bei einem reinen Franzosen finden ..., mit einer Anmut aufblühen, wie sie der Ausländer, er sei noch so schätzenswert, uns nicht gewährt«.[30]

Durch Saint-Loup kommt der Erzähler mit einem Milieu in Berührung, das die »*Recherche*« als ganze kaum mitträgt und vielleicht eine besonders unmittelbare Reminiszenz von Erlebnissen Prousts darstellt: die Gemeinschaft der Militärkameraden in Doncières. Das Garnisonsleben, an dem der Erzähler als Gast und Zuschauer teilnimmt, gibt ihm Gelegenheit zu Bemerkungen über die Freundschaft, deren Wert er skeptisch beurteilt und deren Augenblicksstimmungen ihn doch beglücken. Er spricht von der Freude, mit der »diese jungen Leute ihren Überfluß, ihre Jugend, ihre Kraft in den Dienst meiner Schwäche stellten«[31]: seiner nervösen Schwäche, die in Doncières eine merkwürdige Verbindung mit einem geradezu leidenschaftlichen Interesse für strategische Fragen eingeht; wie denn Proust in das Bild seines *alter ego* den einen und andern virilen Zug einträgt – nicht nur reiten läßt er ihn, auch von Duellen ist zwischendurch die Rede. In seiner Beziehung zu Saint-Loup fällt ihm jedoch die Rolle des Schutzbefohlenen zu, dessen schwankende Gesundheit dem sportlich-galanten Adelssproß als ein Zeichen höherer Geistigkeit gilt.

In dem Aquarium, das Marcel über Jahre und Jahrzehnte hin vor Augen hat, ziehen und rasten so viele Lebewesen, daß wir nur ein paar besonders sprechende Beispiele nennen können. Der Erzähler, der sich selbst die Beobachtungsgabe abspricht, stellt fest, wie die skandalbelastete Marquise de Surgis-le-Duc sich ihren entfremdeten Verwandten wieder zu nähern versucht, einzig um Kindheitserinnerungen aufleben zu lassen, wie sie erklärt – »und indem sie dies sagte, um ihren Snobismus zu verhehlen, log sie vielleicht weniger, als sie glaubte«: ein hier schon erwähntes Leitmotiv der »*Recherche*«.[32]

Oder Mme Sherbatoff, die sich den Anschein gibt, als sähe sie die Gesellschaft nicht, zu der sie so gern gehören würde; sie verharrt in der *immobilité quasi cadavérique* gewisser Tiere angesichts einer Gefahr.[33] Formen der Deklassierung innerhalb einer bestimmten Schicht.

Dann die Diskriminierung der Juden; die Proust, Sohn einer jüdischen Mutter, nicht etwa in anklagendem Sinn behandelt, es sei denn im Falle Swanns, der all seinem gesellschaftlichen Prestige zum Trotz nach seinem Tod verleugnet wird: als Vater seiner geliebten Gilberte, die man nun, aller Evidenz spottend, als Tochter seines Rivalen und Nachfolgers Forcheville ausgibt. Das ist die Ausnahme. Von der Familie Bloch und vor allem – und immer wieder – von Albert Bloch, seinem Schulkameraden, spricht Marcel so angewidert-belustigt, wie es einem bürgerlich-selbstverständlichen Antisemitismus in jener Zeit entsprach. Nur daß die Schilderung von Blochs Sozialverhalten unheimlich genau ist und damit jenseits von »pro« oder »anti« liegt. Ein junger Intellektueller, der im abgeschlossenen Kreis der Seinen die törichtesten Sprüche bewundert, überhaupt eine unkritische Solidarität beobachtet; der sich in höheren Kreisen mit einer nahezu kränkenden Nonchalance zu behaupten sucht und gleichzeitig auf Protektion erpicht ist; der im Geistigen einer parodistischen Linie folgt, als Außenseiter, dessen verzehrender Ehrgeiz dennoch zu Publizität und allgemeiner Geltung drängt: auch diese Figur erscheint in einem langsamen Entstehungsprozeß. Ähnlich wie Legrandin, der Snob, dessen gesellschaftliche Ambitionen am Ende gestillt oder doch verstummt sind; sein »anderes Laster«, die Homophilie, gewinnt nun die Oberhand.

Aufstieg und Niedergang: diagonale Bewegungen führen durch das Aquarium; an anderen Stellen ist ein stetes Kreisen zu beobachten. Es gibt Männer bürgerlicher Herkunft, die um der *vie de coterie* willen auf eine Laufbahn verzichtet haben: statt im Wirtschaftsleben oder in der Politik zu Ansehen zu gelangen, machen sie den tonangebenden Herrschaften des Faubourg Saint-Germain ihre Aufwartung, sind bei Matineen und Soireen dabei, erzählen *la dernière d'Oriane* weiter, üben auch ihren eigenen Witz... Warum sie dieses Leben gewählt haben? Vielleicht »aus einem gewissen Mangel an Originalität oder an Unternehmungsgeist oder an Willen oder wegen schwacher Gesundheit oder fehlender Chancen oder aus Snobismus«.[34] Und bei manchen verhält es sich umgekehrt, sie sind frühzeitig zu dieser Adelsclique gestoßen, und ihrer Karriere steht nun im Weg, daß sie als Gesellschaftsmenschen oder als reaktionär gelten.

Die Etikette, der im Kreis der Guermantes nachgelebt wird, ist ein künstliches System, das aber durch seine Abkunft vom Hofzeremoniell und, weiter zurück, von feudalen Rang- und Machtverhältnissen eine gewisse historische Dignität beanspruchen kann und den Anschein von etwas »Gewachsenem« bietet. Wir werden noch sehen, wie in einem anderen Zirkel, im *petit noyau* der Verdurin, eine Umwertung der gesellschaftlichen Werte gepflegt wird, die ebenso strenge, aber traditionslose oder mit der Tradition nur durch deren bewußte Ablehnung und unbewußte Nachahmung verbundene Regeln entstehen läßt. Nun steht aber den Verhaltensgesetzen der Oberschicht noch ein weiteres Ritual gegenüber, vielleicht das beständigste von allen. Es ist dasjenige der Dienerschaft, das dank der ländlichen Herkunft des Personals und dank dem uralten Verhältnis – Symbiose und Antagonismus zugleich – zwischen Herr und Knecht aus seiner eigenen bäurisch-feudalen Verwurzelung lebt. Im städtisch-bürgerlichen Milieu bleiben die Bräuche erhalten, und beide Parteien achten auf ihren Fortbestand; auch Marcels Mutter ist unzufrieden, wenn ein Domestik im Verkehr mit der Herrschaft von der dritten Person zum *vous* übergeht (und dieses Mißfallen wird mit entsprechendem Tadel bei Saint-Simon verglichen).[35]

Aber die Oberpriesterin des Dienstboten-Ordens, die Haushälterin Françoise, wacht über den rechten Umgang zwischen Brotgebern und Angestellten nur in der einen Rücksicht, daß der interne Codex des Bediensteten-Standes durch ihn respektiert bleibe. Undenkbar, daß die Herrschaft durch ihr lästiges Klingeln den geheiligten Ablauf des Mittagessens in der Küche verkürzen könnte. »Wenn die letzten Riten vollzogen waren, schenkte sich Françoise, die wie in der Urkirche zugleich Zelebrant und einer der Gläubigen war, ein letztes Glas Wein ein...«[36] Solche Anleihen bei der Sakralsprache – wir haben im ersten Kapitel schon einige aufgeführt – sind in der *»Recherche«* zumeist ironisch, aber nie *nur* ironisch gemeint. In der hartnäckigen Verteidigung von Gewohnheitsrechten wie Mittagsruhe, freier Ausgang an bestimmten Abenden und bei familiären Ereignissen usw. steckt ein Stück frommes altes Frankreich, für das die Portalfiguren von Saint-André-des-Champs eine Kennmarke bilden, und zwar im Zusammenhang mit den kleinen wie mit den großen Leuten. Es entspricht wirklich einer höheren Verpflichtung, wenn Françoise viel eher Marcel und seine Großmutter warten läßt, als daß sie die Schicklichkeit so weit vergäße, sich von der

Stockwerk-Gouvernante im Grandhotel nicht zu verabschieden.[37]

Eigene Gesetze, eigene Maßstäbe, die aber den Verhaltensnormen der höheren Gesellschaft analog und an Verbindlichkeit mindestens ebenbürtig sind. Auch Kunst-Vergleiche zeigen diese Entsprechung und Gleichrangigkeit an. Françoise wählt sich das Fleisch für ihren unübertrefflichen *bœuf à la gelée* in den Halles nicht weniger sorgfältig aus als Michelangelo einen Marmorblock in den Steinbrüchen von Carrara[38]: ein gewiß ironischer Vergleich, der aber den Ernst und die Eigenständigkeit ihres Tuns anerkennt. Indessen wird die Autarkie der Dienstboten von mehreren Seiten bedroht. Françoise hat eine Tochter, die sich einen großstädtischen Jargon angewöhnt und deren Einfluß das reine Vokabular der Mutter verdirbt. Noch bewahrt die Haushälterin eine (höchst unpraktische) Scheu – *une timidité et une mélancolie ancestrales* – vor dem Telephon[39]; aber ihre Geprächsinhalte reflektieren das Tagesgerede, die Zeitung; was Marcel über die Dreyfus-Affäre zwischen M. de Norpois und Bloch hat verhandeln hören, das wiederholt sich in populärer Form, wenn bei seiner Heimkehr die Dienerschaft im Hof diskutiert.[40]

Mit Treue und Haß hängt Françoise an ihrer Herrschaft. Sie streut Verleumdungen aus und arbeitet – klagend und anklagend –, solange sie kann. Sie opfert sich auf und nimmt teil an allem; nur freilich mit eigensinnigen, eifersüchtigen Urteilen und in geradezu süchtiger Erwartung schlimmer Ereignisse. »Ich habe nie in meinem Leben eine Demütigung erfahren, ohne im vorhinein auf dem Gesicht von Françoise eine Beileidsbezeugung schon vorbereitet zu finden.«[41] *Homo homini lupus:* so wie die Menschen einander im tiefsten feind sind, können auch Klassen und Schichten ihr Zusammenleben zwar ordnen, doch in den Herzen bleiben sie unversöhnt.

Nicht ganz selten und nicht sehr oft löst der Anblick der Vorgänge im Sozialaquarium eine allgemeine Betrachtung, menschliche Reaktionen betreffend, eine Sentenz nach der Art der französischen Moralisten aus. Der Leser wird auf sie stoßen; wir zitieren nur drei von ihnen. Proust, oder sein Erzähler, stellt fest: »Der Snobismus ist eine schwere Krankheit der Seele, hat aber in ihr seinen festen Sitz und verdirbt sie nicht vollständig.«[42] Die Diagnose bestätigt sich bei vielen Personen der *»Recherche«*, denn viele sind Snobs, aber jede hat ihre Augenblicke, da nicht der Wunsch nach vornehmen Freundschaften, sondern nach wirklicher Freundschaft ihr Verhalten bestimmt. Freilich, enttäuschter Snobismus, das Scheitern der Zugehörigkeitskonstruktionen, hinterläßt Narben, und daran knüpft Marcel an, wenn er von der »Regel« spricht, »daß die harten Menschen solch Schwache sind, von denen man nichts hat wissen wollen, und daß allein die Starken, denen es wenig ausmacht, ob man etwas von ihnen wissen will oder nicht, jene Sanftmut besitzen, die der Vulgärtyp für Schwäche hält«.[43]

Und eine historische Betrachtung, auf die wir hinweisen, weil sie ein wenig aus dem Rahmen des Erzählstoffs fällt und durch ihren Weitblick überrascht: beim Studium der Alten Geschichte, schreibt Proust, falle auf, daß gutartige Individuen an Massenmorden und Menschenopfern teilgenommen hätten. Wer in zweitausend

Jahren die Geschichte unserer Zeit lese, werde ebenso finden, daß Menschen mit zartem und reinem Gewissen zu einem *milieu vital* gehört, sich ihm angepaßt hätten, das dereinst als ungeheuerlich gelten werde. Eine persönlich verantwortete Untat werde aber eher verziehen als die Beteiligung an einem kollektiven Verbrechen.[44]

Beim Lesen der »*Recherche*« soll man auf solche Ergebnisse der Verhaltensforschung wohl achten. Und doch soll man nicht angestrengt nach ihnen Ausschau halten und darüber versäumen, was der Erzähler auf seinen Wegen durch Stadt und Land gehört und gesehen hat. Die Straßengeräusche, die Händlerrufe, die an einem Pariser Vormittag von unten heraufdringen[45]; die durchaus und von vornherein zwecklose Annäherung an ein schönes Bauernmädchen[46]; der Anblick eines Dorfs, dessen Häuser und Höfe von blühenden Birnbäumen eingehüllt sind, »als rüsteten sie sich alle zur gleichen Zeit auf die erste Kommunion«.[47] Oder Marcels Abendspaziergang durch Doncières, wo er in den erleuchteten Wohnungen »amphibische Männer und Frauen« erspäht, die sich Abend für Abend auf ein anderes Lebenselement wieder umstellen; langsam sieht er sie schwimmen ...[48]

IV
Das Vergessen und die Verwandlungen

Die »*Recherche*« ist ein Buch der Erinnerung, oder sollte man sagen: der Vergewisserung? Der Erzähler schreibt nicht seine Memoiren. Er versucht, schreibend, seiner zeitlich verfaßten, an Orte gebannten, gesellschaftlich verstrebten Existenz auf den Grund zu kommen. Das Erinnern ist die Methode, mit der er seiner Lebenszeit schließlich habhaft wird und menschliche wie räumliche Verhältnisse in ihre wahre Ordnung bringt. Worin besteht aber die Funktion des Vergessens, welches ist seine Bedeutung? Zunächst hat es heilende und, in einem damit, zerstörende Wirkung. Die Qualen der unerwiderten oder enttäuschten Liebe vergehen in ihm, doch es verschlingt auch die Liebe selbst, und der Liebende, dem seine Qual genommen wird, ist danach nicht mehr der, der er war – und der er um seiner Liebe willen für immer bleiben wollte.[1] Das Vergessen verwandelt ihn, und nicht nur ihn: alle verwandeln sich um den Preis des Vergessens oder vergessen nur um den Preis der Verwandlung; und niemand fragt, ob uns dieser Preis nicht zu hoch sei.

Mit dem Verwandlungseffekt verbindet sich aber eine gliedernde Funktion des Vergessens. Ein Erinnern, dem alles Vergangene gleichmäßig präsent wäre, könnte gerade die Zeitstruktur – das Perspektivische, wenn man so will, des menschlichen Zusammenlebens nicht erfassen. Es bedarf der Abbrüche und der Neuanfänge, des Fremdgewordenen und des Wiedererkannten, des nicht mehr Vorstellbaren, des Halbversunkenen, um sich zurechtzufinden, um sich der Dimensionen des geschichtlichen Raums zu versichern. Nicht das Vergessen trübt die Erinnerung, sondern die Gewohnheit: sie kann die Konturen verwischen, durch ihr Einerlei die Zeiträume aufheben. »Wenn nämlich die Gewohnheit eine zweite Natur ist, so hindert sie uns, die erste zu kennen, von der sie weder das Quälende noch das Beglückende hat.«[2]

In der Zeitlosigkeit des Schlafs drängen die Traumbilder sich zusammen und decken ihrerseits, zwar durch reale Erscheinungen, die Proportionen der Wirklichkeit zu. Natürlich nicht ohne Zusammenhang mit der Lebenslage des Schläfers. Das noch unvertraute Hotelzimmer in Doncières übt seinen Einfluß aus, so daß »die Bilder, die in dieser ersten Nacht meine Träume erfüllten, einem ganz andern Gedächtnis entlehnt waren als dem, das sonst zu meinem Schlaf das Seine beitrug«.[3] Aber das Grundverhältnis der Gegenwart zur erinnerten Zeit stellt sich erst wieder her in dem Augenblick, da die Frage des Erwachenden eine lokalisierende, oder eben temporalisierende Antwort findet – da Françoise sagt: »Es ist zehn Uhr zehn.«[4]

Der zeitliche Standort macht ein kontrollierbares Erinnern erst möglich; indem er sich aber verschiebt, bestimmt er jeweils das Gedächtnis neu. Das Ich, das sich erinnert, ist nicht mehr das Ich, das »dabei war«. Nicht nur die Außenwelt hat sich verändert, »oder der Geruch in dem Zimmer, sondern mein Lebensalter, meine Person«.[5] Die Erinnerung ist »nicht ein zweites, unsern Augen immer gegenwärtiges Exemplar« unserer Erlebnisse, sondern eine Art Leerraum, »aus dem wir dank einer augenblicklichen Übereinstimmung ein wiedererwecktes Bild hervorziehen können«.[6] Und diese Bilder sind »ebenso willkürlich, ebenso eng gefaßt und ebenso ungreifbar wie diejenigen, welche die Einbildungskraft geformt, die Wirklichkeit aber zerstört hatte«.[7]

»Augenblickliche Übereinstimmung«: der Erzähler zieht aus der Bibliothek des Prince de Guermantes ein Buch hervor, *»François le Champi«* – und ein Schmerz durchfährt ihn. Wer hat ihm so weh getan, welcher »Fremdling«? Er ist es selber: »das Kind, das ich damals war und das dieses Buch in mir auferweckt hatte; denn weil es von mir nichts kannte als jenes Kind, hatte das Buch sogleich nach dem Kind gerufen: nur mit seinen Augen wollte es gesehen, nur mit seinem Herzen geliebt werden; zu ihm allein wollte es sprechen«.[8] So schneidet die Erinnerung dort am tiefsten ins lebendige Fleisch, wo ein bloßer Name den Schleier des Vergessens zerreißt und der Graben (den man vielleicht wirklich einen Abgrund nennen könnte) zwischen dem Ich von heute und dem Ich, das wir waren, erkennbar wird.

Die Namen erinnern an ihre Träger. Aber für uns, die wir uns erinnern, waren das andere Menschen, als sie seither geworden sind, und auch wir sind nicht mehr dieselben wie zu der Zeit, die uns mit den erinnerten Personen verband. »Die Wörter ändern ihre Bedeutung in Jahrhunderten nicht so sehr, wie für uns die Namen im Verlauf einiger Jahre. Unser Gedächtnis und unser Herz sind nicht groß genug, daß sie treu sein könnten. Wir haben in unserem Denken nicht Raum genug, um darin die Toten neben den Lebenden zu bewahren.«[9] Die Toten, zu denen auch wir, in unsern früheren Lebensphasen, gehören: »weil wir selber sterben«, schwindet unsere Liebe zu den Verstorbenen.[10] Und doch hält uns die Erinnerung an die Toten zur Beständigkeit an; denn da nun wir es sind, die ihnen durch unser Gedenken eine festere Form geben, als sie im Leben hatten, zwingen wir uns in ein festeres Verhältnis zu ihnen.[11] So wird Marcels Mutter ganz zur gedenkenden Hüterin, ja zur Stellvertreterin ihrer eigenen Mutter, nach deren Tod.

Inzwischen aber können wir uns wohl bemühen, andern und uns selber treu zu bleiben, »unsere Meinungen übereinander, unsere freundschaftlichen und verwandtschaftlichen Beziehungen haben bloß scheinbar einige Festigkeit, sie sind ebenso unaufhörlich bewegt wie das Meer«.[12] Und Marcel kann bei den Verdurins in der Nähe von Balbec einem alten Bekannten begegnen, doch »sein Name klang anders auf dieser Felsenküste«; so wie der Name eines Schauspielers anders »klingt«, wenn ihn die Ankündigung eines Gala-Abends hervorhebt.[13] Und umgekehrt, wie unauffällig könnten die Namen Sanseverina und Bovary klingen, kämen sie anderswo vor als »in der abgeschlossenen Atmosphäre eines Romans«.[14] Nicht nur die zeitliche Perspektive schafft Täuschungen wie Enttäuschungen; auch der örtliche, der gesellschaftliche Kontext hat solche Wirkungen. Und mit den Trübungen des Gedächtnisses sind *les intermittences du cœur* verbunden.[15]

Marcel summt eine Melodie. »Ich hatte sie zum erstenmal gesungen, als ich Albertine zu lieben begann und dennoch nicht glaubte, daß ich sie je würde kennen lernen. Dann in Paris, als ich aufgehört hatte, sie zu lieben – ein paar Tage nachdem ich sie zum erstenmal besessen hatte. Und jetzt, da ich sie wieder liebte ... Ich war glücklich, daß ich diese Vielfalt sah, und wie sich auf drei Ebenen mein Leben entfaltete.«[16] Der Erzähler – wir werden darauf zurückkommen müssen – neigt mehr zur Introspektion, zu Betrachtungen über sich selbst als über die größere Rechnung, die sich durch das Zusammenleben, auch und gerade das erotische, auftut. Doch ein Gefühl für die eigene (besser wohl: die je eigene) Unzuverlässigkeit redet doch mit: »Die Wahrheit ändert sich für uns so sehr, daß die Andern sich nur mit Mühe darin zurechtfinden.«[17] So braucht Marcel bloß ein paar Augenblicke mit Robert de Saint-Loups bekümmerter Mutter zu sprechen, damit seine Anteilnahme an der großen, unglücklichen Liebe des Freundes sich in den lebhaften Wunsch verwandelt, Robert möchte auf der Stelle mit der Geliebten brechen.[18]

Und wie sehr verändern wir uns in etwas größeren Zeiträumen. Wir würden so gern an ein anderes Leben glauben, wo wir die gleichen wären, die wir im Diesseits sind. »Wir denken aber nicht darüber nach, daß wir nicht erst in einem andern Leben, sondern schon in diesem nach ein paar Jahren dem untreu geworden sind, was wir waren und was wir auf ewig bleiben wollten.«[19] Müßte man da nicht fragen, ob wir denn selbst uns in unserem Leben zurechtfinden? Wir machen zu wenig Gebrauch davon; »wir lassen in den sommerlichen Dämmerungen oder in den vorzeitigen Winternächten die Stunden unausgeschöpft, in denen uns dennoch ein wenig Frieden oder Freude beschlossen zu sein schien. Aber« (die charakteristische Gegenbewegung) »nur einfach verloren sind diese Stunden nicht.«[20]

Und so kann es auch von Swann heißen, daß er die Reize einer problematischen Liebesbeziehung nicht genügend ausgekostet habe: »Aber das tut nichts. Selbst wenn die Dinge einem nicht mehr wichtig sind, ist es nicht einfach gleichgültig, daß sie dies einmal waren; denn immer waren sie es aus Gründen, die den Andern entgingen.«[21] Das Leben entgleitet uns, und wir selber werden uns fremd; und doch sind *wir* es, die das, was wir nicht mehr sind, waren. Unsere Vergangenheit gehört andern noch weniger als uns selbst; und wenn solch andere an ihr teilhatten, ist ihnen von uns nur geblieben, was wir eine Zeitlang, und nicht für uns selber, gewesen sind. Wir gehören einander, auch als Liebende, niemals ganz.

Marcel soll Albertine vorgestellt werden. Er hat diesen Augenblick herbeigesehnt, doch nun läßt er sich Zeit. Er weiß, daß die Albertine, von der er geträumt, auf die er gewartet hat, jetzt verschwinden wird. Sein Name wird aus dem Munde Elstirs »ertönen«, der ihn vorstellen will – und in diesem *moment sacrementel* muß das Mädchen aus dem Bereich der unendlichen Möglichkeiten in eine begrenzte Wirklichkeit treten; von da an ist sie nur noch eine – jeweils eine – Person.[22] Von ihren Verwandlungen sprechen wir später. Stellen wir aber die verläßlichste Gestalt der »*Recherche*« und die wandelbarste einander gegenüber.

In der Hut seiner Großmutter hat Marcel gestanden, seit er denken kann. Den schon fast Erwachsenen hat sie nach Balbec begleitet und ihn noch dort, wann immer es nottat, beschützt; der unmerkliche Zerfall ihrer Kräfte ist ihm entgangen. Nun kommt er von Doncières nach Hause, und da sieht er mit einemmal und »zum erstenmal und nur für einen Augenblick, denn sie verschwand dann sehr rasch, auf dem Sofa unter der Lampe, rot angelaufen, vulgär und massig, krank und benommen, mit leicht gestörten Augen, die über einem Buch hin und her wanderten, eine niedergedrückte alte Frau, die ich nicht kannte«.[23] Beständig und lauter, mit einem untrüglichen Sinn für wahre Noblesse, für tief gegründete Bildung und echte Kunst, schien sie jeder Art von Verderbnis entrückt. Aber wo der Charakter keinen Schwankungen unterliegt, da meldet sich »ein Geschöpf, das den menschlichen Körper genauer kennt« als die Großmutter, die es beherbergt, »ein Zeitgenosse verschwundener Rassen«, der »erste Bewohner« des Körpers noch vor dem Geiste: die Krankheit.[24] Denn ebenso, wie das Leben der Seele der ganzen Person seine Spuren aufprägt – bis zur Entstellung des Leibes durch eine Leidenschaft –, ebenso kann sich physisches Leiden zum Schicksal eines Menschen aufwerfen und verschont auch das innere Bild nicht, das wir von ihm zu bewahren hofften.

Und anderseits Gilberte; von der gesagt wird: sie sei »wie eines der Länder, mit denen man kein Bündnis zu schließen wagt, weil sie zu oft die Regierung wechseln. Aber im Grund«, fährt Proust fort, »ist das falsch. Das Gedächtnis des phasenhaftesten Wesens *(l'ètre le plus successif)* stellt in ihm eine Art von Identität her und macht, daß es von Versprechen, an die es sich erinnert, nicht zurücktreten möchte, selbst wenn es sie nicht förmlich gegeben hätte.«[25] Eine Art von Identität... Schon das erste verstohlene Zeichen, das Gilberte als kleines Mädchen dem sehnsüchtig-schüchternen Marcel gibt, schafft ein Mißverständnis. Mit einem größeren und ganz anderen Kind darf der Knabe dann auf den Champs-Élysées spielen. Die Gastgeberin im elterlichen Haus, ist sie noch dieselbe? Ihre Zärtlichkeit für den

Vater, wird sie nicht durch die kälteste Ablehnung widerrufen?[26] Gilberte und Marcel werden sich fremd; aber noch zur Zeit ihrer Freundschaft hat sie, wie er später erfährt, eine lebhaftere Beziehung zu einem anderen unterhalten; und doch war der Mann, mit dem er sie beobachtet hat, in Wirklichkeit eine verkleidete Frau. Jenes frühe Mißverständnis wiederholt sich dann im umgekehrten Sinn: Marcel deutet den lächelnden Gruß einer Fremden als versteckte Liebeserklärung – er hat Gilberte nicht wiedererkannt. Nun ist sie als angebliche Mlle de Forcheville gesellschaftsfähig geworden, und reich als die Mlle Swann, die sie nicht mehr sein will. Mit Robert de Saint-Loup verheiratet, sucht sie Rachel, der früheren Geliebten ihres Mannes, ähnlich zu werden. Nach Prousts nicht mehr ausgeführtem Plan wäre sie schließlich Duchesse de Guermantes geworden, Nachfolgerin Orianes, die sich geweigert hatte, die Tochter ihres Freundes Swann zu empfangen. Als Ebenbild ihrer Mutter Odette erscheint sie dem Erzähler noch einmal (und ihre Tochter wiederum als ihr eigenes Jugend-Abbild); in Tansonville, wohin sie sich während des Krieges geflüchtet hat – und das sie verteidigt zu haben erklärt –, wird er zuletzt, Erinnerungen mit ihr tauschend, ihr Gast.

Eine Art von Identität. Welche Art? und warum soll sich eine so wechselhafte Existenz wie diejenige Gilbertes durch eine, sei es auch heimliche, Übereinstimmung mit sich selbst auszeichnen? Man stößt hier auf eine Eigentümlichkeit des Romans, die dem Leser auch sonst, und eigentlich immer, gegenwärtig sein sollte: so ausdrücklich auch von sehr vielem die Rede ist, es bleibt doch einiges ungesagt, was zu den Grundlagen der »Handlung« – die ja kaum etwas anderes als eine Personen-

Vorführung ist – gehört. Gilberte, die weder Getreue noch Aufrichtige, überläßt sich dem Leben; und dieser Akt – den man Selbstpreisgabe oder Selbstfindung nennen kann – ist ungewollt aufrichtig und stiftet die unbeabsichtigte Identität, die unfreiwillige Treue, durch die niemand anders so sehr wie sie von den ersten bis zu den letzten Seiten des Werks präsent bleibt. »Die Geschöpfe, die in unserem Leben eine große Rolle gespielt haben, verlassen es selten mit einemmal endgültig.«[27] Weder ist Gilberte aus Marcels, noch Marcel aus Gilbertes Leben je ganz herausgetreten. Und doch sind sie von Phase zu Phase niemals die gleichen geblieben? Es gibt vielleicht eine Treue, die nicht wir dem Leben (oder einander) halten, die aber das Leben uns hält und in der es uns hält.

Nun bringt Saint-Loup, der Gilberte noch nicht kennt, den Erzähler, der Gilberte vergessen hat, mit Rachel zusammen: den Freund mit der Geliebten. Und »alle erdenklichen Freuden des Lebens, deren Personifizierung es war, geheimnisvoll eingeschlossen wie in einem Tabernakel« (wieder ein sakraler Begriff: ironisch, aber nicht *nur* ironisch verwendet), »woran die Einbildungskraft meines Freundes unablässig arbeitete« – Marcel erkennt sie als ehemalige Prostitutierte. Er und Robert sehen dasselbe Gesicht, »aber wir waren auf zwei entgegengesetzten Wegen zu ihm gelangt, die sich niemals treffen würden; und niemals würden wir dasselbe Gesicht sehen«. Proust sagt es noch einmal und er sagt es noch knapper und schöner: »Indem wir beide sie anschauten, Robert und ich, sahen wir sie nicht von der gleichen Seite des Mysteriums.«[28]

Das Mysterium ist der Andere; und wiederum ist er ein

perspektivisches Rätsel. Rachel bleibt Saint-Loup zu einem Teil verborgen, der wohl nicht einfach ihr »wahres Wesen«, aber doch wesentlich ist. Und geheimnisvoll bleibt für Marcel das Bild, das sich Saint-Loup von Rachel geschaffen hat – aus Verblendung? Aus einer andern Sicht des Mysteriums. Hat nicht der Erzähler einst auch die Sträucher im Garten für fremde Götter gehalten? – »wie Magdalena, als sie in einem anderen Garten... menschliche Umrisse sah und ›meinte, es sei der Gärtner‹«.[29]

Nun begegnet aber die Verwandlung und erscheint das Mysterium des Anderen auch im Rahmen des Banal-Gesellschaftlichen, und hier sind sie so sehr Leitmotive, daß wir wieder nur wenige Beispiele nennen können. Warum findet Brichot, der unbestechlich Gelehrte, den früheren Salon der Verdurins schöner als den späteren? Weil der frühere, nicht mehr bestehende, einzig noch so existiert, wie *er* ihn gesehen hat, in der Unwiederholbarkeit seiner Wahrnehmung. Während der spätere, sei er nun schöner oder weniger schön oder ziemlich gleich und nicht allzu schön, noch kein Innenraum Brichots, noch nicht Eigentum dieses einen Betrachters ist.[30]

Oder: es ging das Gerücht um, Robert de Saint-Loup und drei seiner Freunde bildeten eine homosexuelle Clique. Was Saint-Loup selbst betraf, so konnte der Erzähler dies mit allem Nachdruck bestreiten... »Seltsam ist aber, daß später, als man erfuhr, daß jenes Gerücht für alle vier zutraf, keiner von ihnen es von den drei andern gewußt hatte.«[31] Denn wir wählen nicht nur unsere Freunde, sondern an ihnen noch das aus, was unserem Bedürfnis – nach intellektuellem Austausch, nach Gemeinsamkeit in Bewunderung oder Verachtung, auch wohl nach gegensätzlichem Streben – entspricht, und in diesem Falle nach unbeschwerter, von Sehnsucht und Eifersucht freier Kameradschaft.

Oder: Charlus wird mit einem Grafen Leblois de Charlus verwechselt, der *mauvaise réputation* schon hat, da man den Baron noch für sittenstreng hält. Nun wird aber dem »echten« Charlus gelegentlich nachgesagt, was tatsächlich dem »falschen« zur Last fällt, »wobei der falsche vielleicht eine Verwechslung begünstigte, die den echten während langer Zeit schädigte und ihm später, als auch sein guter Ruf dahin war, bequem wurde, weil jetzt *er* sagen konnte: ›Das bin nicht ich.‹«[32] Der Irrtum ist aber für viele ein Lebenselement: die törichte Gattin des türkischen Botschafters kann sich außerhalb dieses *milieu vital* nicht bewegen.[33] Und so ändern sich nicht nur die Andern; sie haben nicht bloß ein zweites Gesicht; wir geben ihnen ein drittes dazu und mystifizieren noch das Mysterium.

V
Der Künstler in der Gesellschaft

In Balbec wundert sich Marcel darüber, daß Mme de Villeparisis, die hochadlige Pensionatsfreundin seiner Großmutter, genau unterrichtet ist über eine Dienstreise, die sein Vater zu dieser Zeit unternimmt.[1] Warum weiß ein Familienmitglied der Guermantes von einem bürgerlichen Ministerialbeamten? Die Frage wird, wie so viele andere auch, erst später beantwortet. Marcels Vater reist zusammen mit M. de Norpois, einem Diplomaten, *membre de l'Institut,* einem »großen Herrn«, der Mme de Villeparisis stets über seinen Verbleib auf dem Laufenden hält; denn er ist, was die beiden sorgsam verheimlichen, obwohl »man« es weiß, ihr Geliebter. Und im »Personal« der *»Recherche«* erfüllt er die nicht unwichtige Funktion, den oberen Rand des Bürgertums (eben die Sphäre von Marcels Eltern) und die Autoritäten der Dritten Republik – zu denen er gehört oder sich jedenfalls rechnet – mit dem Faubourg Saint-Germain in eine freilich nur lockere Verbindung zu bringen. Locker insofern, als er zwar an der von Françoise versorgten Tafel ein Ehrengast ist, aber einige Künste aufwenden muß, um politische Zelebritäten in den Salon seiner Lebensgefährtin zu ziehen; und in den engeren Kreis der Guermantes kann oder will er nicht vordringen.

Für den Erzähler nimmt er aber noch in anderer Hinsicht eine bedeutsame Stellung ein. Er verkörpert für ihn während langer Jahre das untrügliche Richtmaß der Trivialität, das in allen Belangen der Politik, der Wirtschaft und der Kultur das Elegante vom Unfeinen, das Solide vom Unsichern, das Klassische vom Morbiden zu scheiden vermag. Und zwar sind die Kriterien austauschbar. Geistreiche Diplomatie trägt zur Sicherheit bei, ein verständig zusammengestelltes Wertschriften-Portefeuille hat ästhetischen Reiz[2], und klassische Dichtung ist ebenso elegant wie solide. M. de Norpois paßt seine Meinung durchaus den Zeitläuften an, und manchmal verkündet er das genaue Gegenteil dessen, was er vor Jahren erklärt hat; doch seine Urteile gründen stets in denselben Prinzipien, die zwar zu allgemein bleiben, um verwendbar zu sein, aber auch allgemein genug sind, um immer zu stimmen.

Dem entspricht eine Redeweise, die um das rechte Wort nie verlegen ist. Das Idiom des Politikers, das sich zur Zeit, da die »*Recherche*« entstand, mit der Sprache des Weltmanns noch eben vertrug, besteht in einem wahren Überfluß an *expressions faites*, an vorgegebenen Wendungen; und Norpois ergeht sich in ihnen mit einem Behagen, das sich von demjenigen Prousts an der Parodie nicht leicht trennen läßt. Norpois' Diktion verbindet den Anspruch auf völlige Beherrschung des diplomatischen *savoir-faire* (das er mit staatsmännischer Überlegenheit gleichsetzt) und auf eine kulturgesättigte Ausdrucksweise, die im Vergleich mit dem *esprit de Guermantes* humorlos und schwerfällig wirkt, aber alle Segnungen der Akademie, der verbürgten Norm und der gültigen Praxis, empfangen hat. So erhebt sich vor Marcel der bewunderte Freund der Familie als Respektsperson, als politisches Orakel und als maßgeblicher Kulturträger, eine zunächst kaum angreifbare Instanz.

Nun ist es gerade M. de Norpois, dank dem Marcels Traum, ein Dichter zu werden, mit dem Bereich des gesellschaftlich Möglichen zuerst in Berührung kommt.[3] Der Sohn eines Freundes, so erzählt er den Eltern Marcels, hat die politische mit der literarischen Laufbahn vertauscht und ist mit einem Werk über das Gefühl des Unendlichen am Westufer des Victoriasees sowie mit einer Schrift über das Repetiergewehr in der bulgarischen Armee an die Öffentlichkeit getreten.[4] Seine Aufnahme in die Académie des Sciences morales »schließt« man, wie ein deutscher Norpois heute sagen würde, »nicht aus«. Diese Eröffnungen sind nicht dazu angetan, Marcel zu begeistern; und anderseits stößt eine Probe seines Talents, die er dem Diplomaten auf Drängen seines Vaters vorlegt, auf eisige Ablehnung. Aber den Eltern wird klar, daß ein Schriftsteller, wenn er *d'une plume alerte*, also einen gefälligen Stil schreibt und wenn er gesittet, *comme il faut* auftritt, mit einer sozialen Position rechnen kann. Und fürs erste genügt das.

Tatsächlich ist es eher zu viel als zu wenig. Denn vor dem jungen Poeten baut sich mit einemmal ein begrenztes, geordnetes Szenarium auf, in welchem die Dichtung ihren Platz hat, der Schriftsteller seinen Beruf und das Publikum die Kontrolle. Bis dahin ist Literatur für ihn ungestörtes, ungetrübtes Wechselspiel gewesen: Weihe des Schreibens und Andacht des Lesens. Nun erfährt er, daß jemand die Bücher Bergottes nicht substantiell, seinen Lebensstil aber skandalös finden kann, woraus sich die Zensur »kaum genügend« ergibt. Er wird andere, kompetentere und günstigere Urteile hören und wird sich allmählich ein eigenes zutrauen, aber die ursprüngliche Illusion einer vor- oder über-gesellschaftlichen

Kunst ist für immer dahin. Dichtung, Musik, Malerei und Theater begegnen dem reiferen Erzähler der »*Recherche*« nur noch im Kontext ihrer sozialen Lebensbedingungen.

Von da an ist er auch in anderer Weise unterwegs zu seinem eigenen Schreiben. Ein früher, nicht ungeschickter Versuch, eine Schilderung der Türme von Martinville – ihres wechselnden Verhaltens in den Augen dessen, der in einiger Distanz an ihnen vorüberfährt – hat bloßem stilistischem Selbstzweck gedient; noch stiftet darin die Anschauung keinen Zusammenhang. Solch ein Dichten »führt«, wie Marcel erkennen muß, »nirgends hin«. Daß M. de Norpois so urteilt, wäre allenfalls zu ertragen. Doch der Erzähler erfährt es am eigenen Leib. Er beschäftigt sich zwar mit Literatur; und er bringt einen Text im »Figaro« unter: für die Gesellschaft ist er damit als Schriftsteller legimitiert. Nicht vor sich selbst; ihn quält, daß er die Arbeit von Tag zu Tag vor sich hin schiebt und inzwischen nur lebt, nur aufnimmt, nur liebt und leidet (oder sich langweilt). Aber sammelt er damit nicht »Stoff« für sein Dichtwerk? Dieses Mißverständnis bekommt er zu spüren[5], und seinem Thema bringt es ihn immerhin näher.

Es geht also nicht darum, sich zuerst einen Stil, *une plume alerte* anzueignen und dann über irgend etwas zu schreiben; noch auch geht es darum, Eindrücke zu notieren und sie dann zu Literatur zu verarbeiten. Sondern es geht um Erkenntnis. Um die Erkenntnis der räumlichen, zeitlichen und gesellschaftlichen Daseinsstrukturen des Wahrnehmenden selber. Weder Beobachtung führt zum Ziel noch Beschreibung (so unentbehrlich auch beide der äußern Methode nach sind), erst die Ortung der eigenen

Existenz im Beziehungsgeflecht, ihre perspektivische Einordnung in das Ganze, das sie bezeugt, macht die Aussage möglich. Der Dichter findet seine Sprache an der Stelle, die er schließlich als die seine verstehen kann; sie darf nur kein von außen her überlegener Standort – sie darf nicht der archimedische Punkt sein.

An dem Tag, da M. de Norpois zum Diner kommt, hat Marcel zum erstenmal das Theater besucht. Nach langen Erwägungen darüber, ob ein solches Erlebnis dem allzu nervösen Knaben nicht schaden könnte, ist ihm erlaubt worden, was er sich sehnlichst gewünscht hatte: die Berma zu sehen, die große Schauspielerin, in der Rolle der Phädra. Den Text kennt der Gymnasiast so gut wie auswendig, und seine Vorstellung von der Schauspielkunst läßt ihn nun Wunder erwarten: was würde die Berma wohl »daraus machen«? Er wird bitter enttäuscht. So heftig er sich auch bemüht, ihr Spiel zu bewundern, es gelingt ihm nicht; das Agieren und Deklamieren zweier Nebenpersonen hat ihn viel mehr beeindruckt; in der Sprechweise, in der Gestik der Hauptdarstellerin findet er nichts, was auf eine bewußte, kunstreiche Gestaltung hindeuten würde. »Ich hörte ihr zu, so wie ich *Phèdre* gelesen hätte, oder wie wenn Phädra in diesem Augenblick selber die Dinge gesagt hätte, die ich vernahm, ohne daß das Talent der Berma ihnen etwas hinzugefügt hätte.«[6]

Auch diese Episode wird ihre Ergänzung oder ihre Antwort finden. Als der Erzähler nach Jahren die Schauspielerin wiedersieht, und von neuem als Phädra – »o Wunder...: das Können der Berma, das mir entgangen war, als ich begierig versuchte, seine Essenz zu erfassen, drängte sich jetzt, nach diesen Jahren des Vergessens, in dieser Stunde der Gleichgültigkeit, meiner Bewunderung mit der Kraft des unmittelbar Einsichtigen auf.« Denn während er früher versucht hatte, eine Interpretation auszumachen, die zu der Rolle hinzukommen sollte, eine Gestaltung jenseits des Textes, erkennt er nun: das Können der Berma ist eins mit dem Text ihrer Rolle.[7]

Das Motiv klingt hier an, das wir aus den Liebeserfahrungen Swanns und Marcels schon kennen: daß sich der Andere, ob nun Ziel des Verlangens oder Provokation des Verstehens, erst dann erschließt, wenn wir aufhören, sein Verhalten – oder sein Können – mit unsern Erwartungen zu bedrängen. Gerade an einem bedeutenden Werk werden unsere Vorstellungen vorbeigehen, denn sie richten sich nach allgemeinen Ideen, und die Individualität des Gesehenen oder Gehörten kann nicht in ihnen enthalten sein. Was aber für den Zuschauer oder Zuhörer gilt, das trifft erst recht auf den ausübenden Künstler zu: seine Interpretation vollendet sich nur im Verzicht auf die eigene Aussage, in rückhaltloser Offenheit für das Werk.

In seine Enttäuschung über den ersten Theaterbesuch mischen sich für den Knaben noch andere Gefühle. Das Publikum, das ihn umgibt, spendet an einer Stelle (die also besonders eindrucksvoll gewesen sein muß) begeisterten Beifall, und Marcel bemüht sich, »ihn zu verlängern, damit die Berma zum Dank sich selbst übertreffe und ich danach sicher sein könne, sie an einem ihrer besten Tage gehört zu haben«.[8] Das klingt seltsam abstrakt und ist für den Leser doch nachfühlbar. Der unerfahrene Theater- oder Konzertbesucher ist auf eine Kontrolle seiner Eindrücke angewiesen. Unter Umständen lehrt ihn erst eine beiläufige Bemerkung, von einem unterrichteten Bekannten während der Pause geäußert, daß er Großes erlebt, und er genießt dann das Folgende in ganz anderer Weise. Der Erzähler wird erst viel später begreifen, warum er vom Spiel der Berma enttäuscht war – enttäuscht sein mußte – und läßt sich fürs erste gesagt sein, daß an dem Rang dieser Künstlerin gar nicht zu zweifeln ist. Es besteht da offensichtlich eine allgemeine Übereinkunft (die später schwindet, aber das eigene Urteil wird ihrer nicht mehr bedürfen), und Marcel vertraut sich ihr, wenn auch halbherzig, an.

Er sei natürlich begeistert gewesen? fragt M. de Norpois danach. Gerade wenn einer die Berma zum erstenmal höre... Er selbst habe sie nicht als Phädra gesehen, man habe ihm aber gesagt, sie sei herrlich. Diese Gelegenheit will der Knabe benützen: gewiß kann der feingebildete Aristokrat ihm erklären, warum denn so großartig sei, was er kaum erfaßt hat. Er bekennt also seine anfängliche Enttäuschung, die nun ihrerseits nicht verstanden wird. Und da er einräumt, die Berma spiele »gewiß sehr gut«, weist ihn der Vater zurecht: »Wenn sie sehr gut ist, was willst du noch mehr?« M. de Norpois aber zeigt ihm den Ausweg aus seiner Ratlosigkeit: er rühmt die Sicherheit des Geschmacks, mit der die Künstlerin ihre Rollen wählt (»sie spielt selten etwas Mittelmäßiges«) und mit der sie sich kleidet (»keine schreienden Farben«); sie bewegt sich gemessen, sie ist nie zu laut und macht von ihrer Stimme einen musikalischen Gebrauch... Und dieses wohlverdiente Lob, das am Wesentlichen vorbeigeht, macht es Marcel immerhin möglich, auf begründete Weise doch nicht enttäuscht zu sein.[9]

Bevor also der Erzähler die Größe der Berma in der

unbedingten Werktreue ihrer nachgestaltenden Arbeit erkennt, erlaubt ihm – oder nötigt ihn – die gesellschaftliche Übereinkunft, an sie zu glauben. Auch hier ist es nichts mit dem reinen Wechselspiel: die Leistung des Künstlers wird uns in doppelter Weise vermittelt, denn immer haben sich Publikum und Kritik über sie schon verständigt, und der einzelne Zuschauer, sähe er sie auch zum erstenmal, ist schon ein Teil des Publikums. Ohne den Kontext des Zeitgeschmacks läßt sich Kunst nicht erfahren. Auch dann nicht, wenn sie dem Zeitgeschmack oder er ihr zuwiderläuft. Während die Berma ihre Triumphe feiert, wird Rachel, mit ihrem grellen Expressionismus, verhöhnt; doch eines Tages ist Rachels Stil maßgeblich geworden, und von der Berma hat »man« sich abgewandt. Das persönliche Urteil, das sich von solchen Schwankungen freihält und vielleicht Gegensätzliches gleichzeitig gutheißen kann, steht darum doch nicht außerhalb der ästhetischen Meinungsbildung und kann an ihrem Prozeß nicht viel ändern.

Den weißhaarigen, weisen und milden Barden *(le doux Chantre aux cheveux blancs)*, den »göttlichen Greis« soll Marcel nun kennenlernen[10]: er wird von Swanns zu einem Déjeuner »im kleinen Kreise« eingeladen, und unter den sechzehn Gästen ist Bergotte, der Dichter. Da vergeht bloß ein Augenblick, und der »todtraurige« Jüngling muß zusehen, wie ein grobschlächtiger kleiner Mann, mit einer roten Knollennase, mit dicker Brille und schwarzem Bärtchen den Bergotte verdrängt, »den ich langsam und sorgsam ausgearbeitet hatte, Tropfen um Tropfen, wie einen Stalaktiten, im Einklang mit der durchsichtigen Schönheit seiner Bücher – den Bergotte, von dem nun mit einemmal kein Gebrauch mehr zu machen war...« Neue Enttäuschung. Die Wirklichkeit hält sich nicht an die Spielregeln. Man sieht dem Verfasser seine Texte nicht an; und er spricht von seinen Büchern nicht anders als andere von ihrem Zeitvertreib. Wenn aber die Dichter nicht »Götter sind, deren jeder in seinem Reiche regiert« – rührt dann die Verschiedenheit ihrer Werke vielleicht eher von der Art ihrer Arbeit her als von einem Wesens- und Grundunterschied ihrer eigen- und einzigartigen Persönlichkeiten?[11]

Noch vor kurzem hat Marcel die abfälligen Bemerkungen Norpois' kaum auf die Dichtergestalt seiner Träume beziehen können. Jetzt, auf einmal, gelingt es ihm. Bergottes Ausdrucksweise mutet gelegentlich affektiert an, sie berührt unangenehm; und der Erzähler wird Zeit brauchen, um den Zusammenhang zwischen dem etwas künstlichen Sprechstil des Autors und einem bestimmten Tonfall in seinen Texten zu finden. Was aber den ungeordneten Lebenswandel betrifft, den Norpois an ihm gerügt hat, so scheint er zwar mit der feinnervigen Ethik seiner Romane nicht vereinbar zu sein; doch was Bergotte schreibt, ist deswegen nicht unaufrichtig. Denn die Abweichung von der moralischen Norm kann sich aus einem Mangel an Sensibilität, sie kann sich aber auch aus übersteigerter Sensibilität erklären. »Vielleicht stellt sich das moralische Problem nur in wirklich abwegigen Existenzen mit seiner ganzen bedrängenden Kraft. Und dieses Problem löst der Künstler nicht auf der Ebene seines individuellen Daseins, sondern auf derjenigen des für ihn wahren Lebens; er löst es allgemein, literarisch.«[12]

Solche Gedanken hätten Marcel bewegt, da er sich noch von Schmerz und Trauer über den Verlust »seines«

Bergotte erholen mußte? Die Reflexionen des Erzählers nehmen keine Rücksicht auf den Bewußtseinsstand, den er selbst zur gegebenen Zeit erreicht hat – über den er später hinausgelangt. Auch dies ein perspektivisches Moment des Schreibens und des Lesens. Wir haben es mit dem siebzehn- bis zwanzigjährigen Marcel zu tun, dessen Verhalten, Empfinden, dessen Irrtümer und Enttäuschungen der etwa vierzigjährige Marcel nachdenkend darstellt; und dieser älter gewordene Erzähler, der die Ereignisse und Personen im Licht von Erfahrungen sieht, die seither so vieles geklärt haben, ist dennoch nicht mit dem Autor identisch, ist doch auch selber Person des Romans, die Proust auf dem Weg – einem Leidensweg – zum vollständig-gültigen Überblick, zur Wahrheit der ganzen Geschichte zeigt.

Wollte man aber beim Lesen der »*Recherche*« auch einen Blick auf ihren Verfasser tun, so gibt eine Episode dazu die Gelegenheit – von der man allerdings besser gar keinen als einen zu intensiven Gebrauch macht: das Sterben Bergottes.[13] Wenn von dem Dichter berichtet wird, er sei jahrelang nicht mehr ausgegangen, so muß die Übereinstimmung mit Prousts eigener, halb krankheits-, halb arbeitsbedingter Klausur wohl beabsichtigt sein. Und wenn Bergotte noch einmal das Haus verläßt, um eine Ausstellung holländischer Malerei zu besuchen (wo er den Tod findet), ist das erst recht nicht durch Zufall der Anlaß, der auch Proust zu seinem wahrscheinlich letzten Ausgang bewogen hat. Ob Bergottes lebensgefährlicher Umgang mit der Medizin an entsprechende Abenteuer Prousts erinnern soll? Denkbar ist es. Die Parallele, auf die es vor allem ankäme, betrifft das Verhältnis des Dichters zur Gesellschaft und dasjenige seiner Arbeit zu seinem Gefühlsleben. Bergotte hat »die Gesellschaft nie geliebt« – oder nur »einen Tag, um sie dann zu verachten wie alles übrige und auf die gleiche, auf seine Weise«: er verachtet nicht, was er nicht haben kann, sondern weil er es haben kann.

Bergotte, so heißt es weiter, hat flüchtige erotische Beziehungen unterhalten (und viel Geld für sie ausgegeben), weil es der Arbeit förderlich ist, sich verliebt zu fühlen. Man wird dadurch von Vergnügungen abgelenkt, die man mit aller Welt teilen würde, und »die Oberfläche der Seele« bewegt sich immerhin noch. »Man wird zwar nicht glücklich, man erfährt aber manches über die Gründe, warum man es nicht ist...« So skizziert Proust eine Leidensökonomie, die er nicht sich, sondern (durch den Erzähler) Bergotte zuschreibt, aber damit doch nicht irgendeinem Individuum, sondern dem Schriftsteller, wie er ihn kennt, weil er selbst einer ist. Indessen möchte man eher annehmen, daß er im Lauf der Zeit seine Person einem Typus angenähert, als daß er im Buch einen Typus der eigenen Person angeglichen hat. Der Typus aber, und auf ihn kommt es an, unterhält zur Gesellschaft ein vieldeutiges Verhältnis. Er läßt sich auf sie ein – so sehr, daß Bergotte zeitweise zum Mittelpunkt von Odettes Salon wird –[14], er braucht sie, um sich als Autor zu etablieren, aber er muß ihr auch fremd bleiben, um seinen Weg bis zum Ende zu gehen. Und wie er die »Oberfläche der Seele« vor dem Stillstand bewahren soll, das kann die gesellschaftliche Norm oder Konvention ihn nicht lehren.

Von seiner Kindheit an hat der Erzähler zwei Mentoren, die ihn zur Kunst führen: seine Großmutter und Charles Swann. Zwei sehr verschiedene Persönlichkeiten. Die

Großmutter wird als eine Frau von großartiger Naivität geschildert. Ihre Naturverbundenheit hat etwas Urtümliches und bestimmt auch den Zuschnitt ihres Bildungs- und Kunstbegriffs. Nur das unmittelbare Erleben zählt, und es muß seine Nahrung aus höchsten Werten ziehen. Zeitgeschmack, Mode, Gesellschaftston spielen keine Rolle. In ihrem persönlichen Verhalten zeigt die Großmutter eine Unabhängigkeit, die nach konventionellen Maßstäben mitunter peinlich wirkt. Und in ihrem kulturellen Urteil bildet sie den denkbar tiefsten Gegensatz zu Norpois. Was »man« heute schätzt, ist ihr nicht einmal gleichgültig, sie weiß es schon gar nicht. Ihr untrüglicher Qualitätssinn setzt sich über Vorurteile nicht nur hinweg, er ist von ihnen so frei, daß er auch mit ihnen übereinstimmen kann.

Die Briefe der Mme de Sévigné legen den Grund zu ihrem menschlichen und zu ihrem sprachlichen Zuhause. Der Rückhalt in der Landschaft und die inständige Sorge um Moral und Gesundheit der Nächsten verbinden sie mit diesem Vorbild. Die Sorge, die dort dem Sohn gilt, wendet sie Marcel zu, ihrem Enkel. Sie wählt für ihn die Lektüre und das Anschauungsmaterial zur bildenden Kunst. Wobei sie darauf achtet, dem Knaben nicht bloß eine photographische Aufnahme der Kathedrale von Chartres zu schenken, sondern eine Reproduktion von Corots Bild der Kathedrale; sie glaubt ihm damit *un degré d'art de plus* zu vermitteln.[15] Vielleicht steht dazu eine spätere Bemerkung in bewußtem Bezug: Elstir, der Maler, habe zwei gleichwertige Bilder geschaffen, das eine ein Schulhaus ohne bauliche Bedeutung darstellend, das andere »eine Kathedrale, die selbst schon ein Meisterwerk ist«.[16]

Das Kriterium für den Rang von Natur- wie von Kunstgebilden ist in den Augen der Großmutter das Einfache: an ihm läßt die Größe sich ablesen.[17] Swann würde keinen so klaren Wertbegriff nennen können. Auch steht er nicht außerhalb der gesellschaftlichen Interessen und Strömungen; doch er bewahrt sich innerhalb dieser Sphäre die Freiheit des Urteils, die ihm erlaubt, in höheren Kreisen seinen Geschmack zur Geltung zu bringen (nicht in weniger hohen; wovon noch die Rede sein wird). Auch er versorgt Marcel mit Abbildungen, die er aber in historische Zusammenhänge und kunstgeschichtliche Beziehungen stellt. Er ist es, der in dem Knaben die Sehnsucht nach Italien weckt: nach Kunststätten, die er sich auch als Freiräume der Lebenskunst denkt; denn Swanns Sinnlichkeit weist ihn auf schöne Frauen so gut wie auf köstliche Stoffe oder erlesene Bauten und Bilder hin.

Als Kenner und Sammler, der auch gern ein wenig den Gelehrten spielt, ist Swann im Faubourg Saint-Germain zum *arbiter elegantiarum*, zur unbestrittenen Autorität in Fragen des Geschmacks und des Stils geworden und für Marcel ein unentbehrlicher Ratgeber. Das Bildungsideal der Großmutter bleibt hinter solch universeller Wegbereitung zurück, aber es bewahrt sein moralisches Gewicht; und die Konzentration auf das Wenige, Große gerät nicht in Vergessenheit. Sie erfährt sogar noch eine Zuspitzung, und zwar durch Bergotte, der am letzten Tag seines Lebens nur *eine* Stelle auf *einem* Gemälde Vermeers sehen will (»die kleine gelbe Mauerfläche«) – während Swann jahrelang über Vermeer van Delft »gearbeitet« hat, ohne daß man jemals erführe, was er da tat.

»Ich sehe auf Ihrem Tisch ein Werk von Bergotte. Wenn Sie von Ihrem Nervenleiden geheilt wären, würden Sie es nicht mehr lieben.«[18] Ein berühmter Arzt spricht so zu Marcels todkranker Großmutter, und was er sagt, ist Teil einer Fehldiagnose: einer Theorie, die am Fall vorbeigeht und in der sich Großartiges mit Lächerlichem verbindet (eine in der *»Recherche«* nicht seltene Kombination). Nimmt man den Satz aber so, wie er dasteht, drückt er etwas ganz Richtiges, für unser Thema Grundlegendes aus. Wer Kunst verstehen und wer sie hervorbringen will, darf nicht gesund sein wollen. Er hat sich mit einer Sensibilität abzufinden und einzurichten, die nicht »normal« ist, sondern nervös übersteigert, krisenanfällig – krankhaft. Ließe er sich von ihr »heilen«, er hätte es leichter im Leben, aber um seine Empfänglichkeit oder um seine Schaffensimpulse wäre es geschehen.

Der Wechselbezug zwischen Künstler und Rezipient gehört aber, wie Marcel einsehen muß, nicht einer weltentrückten Sphäre an. Er realisiert sich in der Gesellschaft und damit unter den Augen der Normalität. Der Künstler kann unsozial sein, verletzlich und einsam, und auch sein Bewunderer mag sich einsam fühlen – unter Menschen, die zu gesund sind, um die Schwingungen eines Textes, eines Musikstücks nachzuvollziehen –, trotzdem sind beide sozial integriert, ihre »Krankheit« ist ein gesellschaftliches Faktum, sie kann als Ärgernis oder als Auszeichnung gelten, »man« lehnt sie ab oder nimmt sie in Kauf, erhebt sie zum Maßstab, imitiert sie... In der »*Recherche*« finden sich alle erdenklichen Variationen zu diesem Thema.

Mme Verdurin fleht den Pianisten an, ein bestimmtes Werk nicht zu spielen. Ihre zarte Konstitution ist den Eindrücken kaum gewachsen, die große Musik in ihr stets hervorruft; tagelang wird die Migräne sie quälen, wenn diese Erschütterung ihr nicht erspart bleibt. Man insistiert? Nun denn – Mme Verdurin ergibt sich in ihr Schicksal. Sie vergräbt ihr Gesicht in den Händen, niemand soll sehen, was während des Spiels in ihr vorgeht, oder ob sie schläft. Ihre Getreuen fühlen mit ihr. Der Kreis, *le petit noyau*, der sie umgibt, versteht sich als freiwillig isolierte Gemeinschaft, die mit der großen Welt nichts zu tun haben will. Hier wird das wahre Genie anerkannt und alles Mondäne verachtet. Aristokraten sind langweilig, und ihr Geschmack kann nur schlecht sein. Mit diesen Glaubensüberzeugungen kommt Swann in Konflikt, da er sich – ausschließlich Odettes wegen – in Mme Verdurins Salon einführt und nicht verbergen kann, daß er auch und vor allem im Faubourg Saint-Germain zu Gast ist, wo er (welche Verblendung) intelligente Menschen zu kennen meint.

Die Herrschsucht der Hausherrin und die Brutalität, die sie auch Anhängern gegenüber an den Tag legen kann, scheinen die Empfindsamkeit Lügen zu strafen, die sie im Kunstgenuß demonstriert. Und daß sie am Ende den alten Prince de Guermantes heiratet, bestätigt den vom Erzähler schon immer geschürten Verdacht, daß sich ihr Abscheu vor der Adelsgesellschaft in geeigneter Weise kurieren ließe. Doch das oppositionelle Wertgefühl, das sie pflegt, entspringt auch nicht bloßer Willkür. Es ist doch Vinteuils Musik, es ist die Malerei Elstirs, auf die ihre Wahl gefallen ist; und wenn sie darüber trauert, daß Elstirs Kunst belanglos geworden sei, kaum habe er sich von ihr und ihrem Kreise getrennt[19], so ändert die ebenso durchsichtige wie grundlose Klage nichts daran, daß sie seinerzeit den jungen Unbekannten entdeckt und gefördert hat. Sie erkennt auch Bergottes Bedeutung, obwohl er in Odettes »schismatischem« Salon verkehrt. Die Namen Vinteuil, Elstir und Bergotte stehen aber für eine Generation, die sich gegenüber einem ästhetischen Kanon soeben erst durchsetzt – mit Hilfe hellhöriger Zeitgenossen.

In der Nähe von Balbec mieten die Verdurins für einen Sommer die »Raspelière«, eine Villa der Familie Cambremer. Der Erzähler läßt keinen Zweifel daran, daß die zeitweiligen Veränderungen, die sie an Haus und Garten vornehmen, das Anwesen entschieden verschönern. Die Cambremer sind Provinzadel, und besonders traditionsbewußt tritt gegenüber den Mietern die junge Marquise auf, die ihre bürgerliche Herkunft (sie ist Legrandins Schwester) zu überspielen sucht. Sie hat sich durchaus der modernen Musik verschrieben und schämt sich ihrer Schwiegermutter, die noch immer für Chopin schwärmt, leidet auch nachdrücklich unter der Achtlosigkeit, mit der sich die Société ihrer Meinung nach gegenüber der Kunst verhält. Doch die exaltierten Bewegungen, mit denen Mme de Cambremer im Konzert den Takt mitschlägt, sind nicht nur für mondäne Begriffe lächerlich, sie tragen die Sensibilität der Zuhörerin so gewaltsam zur Schau, daß sie schon fast ihr Gegenteil zu beweisen scheinen.

So kann das Bemühen, im künstlerischen Bereich heimisch zu werden, Ambitionen verraten, die dem gesellschaftlichen Ehrgeiz auch dann verwandt sind, wenn sie eine gesellschaftskritische Stoßrichtung anzeigen. Mme Verdurin hat vielleicht nicht Unrecht, wenn sie Elstir, Bergotte oder Vinteuil besser zu verstehen glaubt als die

Princesse de Parme; und Mme de Cambremer mag wohl wirklich musikalischer sein als die Duchesse de Guermantes. Aber ihr Feingefühl ist auf Prestige bedacht, ihr Kunstsinn erhebt den Anspruch, nicht nur mit den Werken, sondern auch mit den Urhebern ausschließlich vertraut zu sein. Und dieser Übereifer erklärt zum Teil, daß die Aristokratie sich den Künstlern als leichterer und bequemerer Umgang empfiehlt; um den Preis eines geringern Verständnisses bietet sie größere Freiheit, und ein mondänes Milieu gewährt mehr Entspannung und Ausgleich als eine verschworene Anhängerschaft.

Bergotte hat in Marcel einen Leser gefunden, dessen übersteigerte Sensibilität unmittelbar aufnimmt, was der Dichter aus ähnlicher Disposition hervorbringt. Solch eine Begegnung kommt dem reinen Austausch schließlich am nächsten, den der Knabe sich, unklar genug, einst vorgestellt hat. Und ein zweiter Wunsch geht in Erfüllung, da er Elstir trifft, den Maler in seinem Atelier, auf das er sich zurückgezogen hat. Hier wie dort wird ein verbindliches Zwiegespräch möglich, als Ausnahme. Gesellschaftlichen Verpflichtungen – dem *petit noyau* – hat sich Elstir als erster entzogen, Bergotte verschwindet allmählich aus Odettes Salon; auch Marcel, noch lange unterwegs zu der eigenen Arbeit, lebt sich in die Einsamkeit ein. Und gerade ihm selbst, seiner krisenbedrohten Existenz, seiner nervösen Empfänglichkeit und der unruhigen Selbstbezweiflung, die seiner produktiven Erlösung vorausgeht, entspricht unter allen sozialen Modellen noch am ehesten die offene Form, die *Le côté de Guermantes* seinem Kontaktbedürfnis gewährt: eine Gesellschaft, die der Kunst einen schwerelosen Respekt entgegenbringt und der delikaten Natur des Künstlers ihr Verständnis bezeugt: an kühlen Abenden legt man ihm rechtzeitig einen Schal um die Schultern.

»An den Tagen, an denen ich nicht zu Mme de Guermantes ging, verkürzte ich mir die Stunde bis zur Rückkehr meiner Geliebten, indem ich ein Album von Elstir, ein Buch von Bergotte, die Sonate von Vinteuil durchblätterte.«[20] Das ist, noch einmal, nicht »wahrscheinlich«. Es kann nicht bedeuten, daß Marcel während Monaten – und so schon seit langem, und noch auf lange hinaus – keine anderen Bücher, Bilder und Musikstücke zur Kenntnis genommen habe als diejenigen eines einzigen Dichters, eines Malers, eines Komponisten. Innerhalb der *»Recherche«* bedeutet es, daß wir die drei Namen als Symbole für Literatur, Malerei und Musik zu verstehen haben, nicht anders als Guermantes für die »große Welt« mit ihrem provinziellen, ruralen Hintergrund, Verdurin für das reiche Pariser Bildungsbürgertum, Bloch für die jüdische Intelligenz. Was jedoch weder heißt, daß diese Namen nicht *auch* individualisierte Gestalten, noch daß andere Namen nicht sogar ausschließlich Einzelpersonen der Handlung bezeichnen. Bergotte ist nicht bloß »der« Dichter, er ist auch Bergotte; aber der Dichter ist – Proust könnte sagen: *pour simplifier* – immer Bergotte.

Der Dichter, der Maler, der Musiker und auch »die« Schauspielerin, die Berma – sie stehen als Künstler in der Gesellschaft, sie haben sich in ihr zu behaupten, und sie tun das auf verschiedene, aber in jedem Fall exemplarische Weise.

Als im Salon der Mme Verdurin die Rede auf Vinteuil kommt, erinnert sich Swann an einen Klavierlehrer dieses Namens in der Nähe von Combray, der unmöglich mit dem Komponisten identisch sein kann. Ein Verwandter vielleicht; denn auch ein Genie kann zur Not der Vetter einer *vieille bête* sein. Durch dieses »alte Biest« könnte man den genialen Vetter kennenlernen, den Komponisten Vinteuil; aber wer nimmt es schon auf sich, mit dem »alten Biest« in Verkehr zu treten.[21] Täuschung und Trug, wie so oft: der alte, verschüchterte und vereinsamte Klavierlehrer, der sich um seine normwidrig lebende Tochter zu Tode grämt, ist wirklich der Komponist, dessen Werke nun ohne sein Wissen ein elegantes Publikum anziehen. Seine Musik macht ihren Weg allein; keine Protektion, keine werbenden Maßnahmen; nicht einmal die Persönlichkeitswirkung des Autors. Sein Name dient nur der Verständigung über das Œuvre.

Anders Elstir: er hat als Monsieur Biche zum *petit noyau* gehört, und der Erzähler wird in seinem Atelier ein Porträt entdecken, »Miss Sacripant« darstellend[22], eine Dame vom Kabarett, die spätere Odette de Crécy, noch spätere Mme Swann... Der Maler ist in der Bürgerswelt und in der Halbwelt – nicht zu Hause gewesen, er hat sich aber in nicht so ganz würdigen Anfängen sein Publikum da und dort zusammengesucht, bis es selbst weiterwuchs und Gesellschaftsschichten erreichte, in die er dann nicht mehr eindringen mußte und wollte. Nun hat er bei einer Frau – die nur wie ein warmer Schatten durch die Erzählung geht – die bergende Ruhe gefunden, deren er für seine Arbeit bedarf, und lebt in befreiter Zurückgezogenheit, während sich seine Kunst durch die Stadien des Bekanntwerdens, der snobistischen Aneignung, der wachsenden Geltung bewegt.

Wieder anders der Dichter, Bergotte. Durch das Medium seines Schaffens, das mit dem der persönlichen Verständigung eins ist, steht er in unvermitteltem Austausch, in einer primären Gesprächssituation, im verbalen Vollzug sozialer Beziehungen. Dann freilich hat er es mit den verschiedenen Schichten und Kreisen der Gesellschaft zu tun: als Außenseiter, der von Mme de Guermantes wohl nur zu einer Vorlesung neuer Texte empfangen würde (sein literarisches Ansehen im Faubourg Saint-Germain wird durch Baron Charlus bezeugt)[23]; als Libertin, der die Etikette des Corps diplomatique in Gefahr bringt[24]; als Berühmtheit, von der Mme Verdurin allzu angelegentlich Gebrauch machen würde[25]; und als unbürgerlicher Geistesarbeiter, der im gesellschaftlich nicht so genau zu ortenden Hause Swann am bequemsten zu Gast ist. Doch als Gesprächspartner einzelner Freunde bleibt er seiner Arbeit noch näher, und am Ende – wir hörten es – meidet er alle Gesellschaft: deren Konversation, so bemerkt der Erzähler, »töricht ist, aber die Macht hat, die Frauen zu unterdrücken, die hier nur noch Fragen und Antworten sind. Außerhalb der Gesellschaft werden die Frauen wieder zu dem, was für den ermatteten alten Mann so erholsam ist, ein Gegenstand der Betrachtung.«[26]

Und noch einmal ganz anders die Berma. Für sie ist Gesellschaft ihr Publikum: in welchem die Schichten und Kreise verschwimmen (das »Aquarium« des Theaters) und eine eigene Dynamik am Werk ist, in der – oder der gegenüber – die Künstlerin immer von neuem bestehen muß. So kämpft sie sich durch die Jahrzehnte: kämpft um den Ruhm, um seinen Fortbestand, gegen sein Schwinden, um ein letztes bißchen Anerkennung, um das tägliche Brot. Eine strukturierte Gesellschaft hat »viele Wohnungen«; auch allenfalls Nischen; das Publikum des Théâtre-Français kennt nur eine Bühne, auf ihr entscheidet sich alles jedesmal ganz.

Wie immer der Künstler sich zur Gesellschaft verhält, er kann ihr nie völlig angehören. Was er zu sagen hat, muß für sie hörbar, sichtbar sein; in seiner Formensprache muß es auf sie eingehen, um in sie einzugehen. Aber dem Kern nach stammt es aus einer anderen Welt. Man weiß nicht, wo Vinteuil die Klänge vernommen hat, die sich von denen aller anderen Komponisten unterscheiden und allen seinen eigenen gleichen. »Jeder Künstler erscheint so als Bürger eines unbekannten Vaterlandes, das er selbst vergessen hat, das anders ist als jenes, aus dem sich ein anderer großer Künstler nach der Erde aufmachen wird.« Und wiederum leistet nun eben die Kunst – »die Kunst eines Vinteuil wie die eines Elstir« – die vermittelnde Öffnung: da sie das Innerste nach außen wendet. Was sonst keiner dem anderen mitteilen kann, das »Unsagbare« der individuellen Erfahrung – das, worauf der alltägliche Austausch verzichten muß zugunsten des Äußern, das allen gemeinsam und deshalb belanglos ist –, dieses *individuum ineffabile* bringt die Kunst zum Erscheinen, und ohne sie würden wir es niemals erkennen.[27]

Dann aber prägt sich die vermittelnde Sprache des Malers, des Komponisten, des Dichters den Dingen auf: sie alle treten in Bergottes Büchern zutage, »wenn nicht so, wie man sie immer gesehen hatte, dann dafür so, wie man sie jetzt zu sehen sich angewöhnt hat«. Die Frauen, die auf der Straße vorübergehen, sind anders geworden, sie sind jetzt von Renoir...[28] Die Berma hat Racines Text so ganz zu dem ihren gemacht, daß man ihn nur noch durch sie hört, und Schulhaus wie Kathedrale sind zu Trägern der malerischen Botschaft Elstirs geworden.[29] Selbst Albertine, die Geliebte, tritt Marcel aus Bergottes Büchern, aus Elstirs Bildern entgegen (oder geht sie in ihnen auf?), und die Gefühle des Liebhabers steigern sich unter dem Eindruck solcher Durchdringung von Kunst und Wirklichkeit.[30]

So wird die Kunst ein Stück Welt, und auch einer Nachwelt prägt sie sich ein. »Was man die Nachwelt nennt – *la postérité* – ist die Nachwelt des Werks«, nicht des Künstlers. »Das Werk muß selbst seine Nachwelt erschaffen.«[31] Der Ruhm, den die Gesellschaft dem Künstler verheißt und vorübergehend gewährt, bleibt nicht ihm, sondern seinem Gebilde. Und je ernstlicher er seine Kraft auf sein Werk verwendet, desto mehr entfernt er sich von der Gesellschaft. Wenn Marcel zu schreiben begänne, zunächst noch um in der Achtung seiner Freunde zu steigen und als Autor eine angesehene Stellung zu gewinnen, würde ihm dann nicht gerade das Schreiben die Lust nehmen, seine Freunde zu sehen und sein literarisches Ansehen zu genießen? »denn mein Glück läge nicht mehr in der Gesellschaft, sondern in der Literatur«.[32]

Früh hat er den Zuruf der Dinge gehört, die sich seiner gestaltenden Phantasie antrugen: »Ich sah die Bäume, wie sie sich entfernten und verzweifelt die Arme reckten, als sagten sie mir: Was du nicht heute von uns lernst, wirst du nie wissen.«[33] In kurioser Entsprechung zu diesem flehenden Mahnwort wird ihm – dem Literaten nun – Odette ihre Abenteuer erzählen, die sie für Novellenstoffe hält. Und tatsächlich »hatte sie meiner Einbildungskraft jederzeit reichliche Vorräte zugetragen, doch auf viel weniger absichtliche Weise und durch einen Akt, der von mir ausging und ohne ihr Wissen aus ihr die Gesetze ihres Lebens herauslöste«.[34] Nicht die Dinge und nicht die Menschen »verewigen« sich in der Arbeit des Künstlers; diese seine Arbeit vielmehr *zeitigt* sie, wenn für ihn ihre Stunde gekommen ist; auch die ihm die Liebsten waren, haben ihm schließlich doch nur Modell gestanden.[35] Daher seine Einsamkeit.

VI
Charlus oder der Fluch der Liebe

Sehr langsam schält sich Palamède, Baron de Charlus, aus den Verhüllungen, die ihm teils andere, teils er selbst, seine unwillkürlichen oder absichtlichen Spiele mit der eigenen Identität, umgelegt haben. Wenige Szenen der »*Recherche*« sind mit so großem Bedacht aufgebaut wie seine Begegnung mit Jupien, dem Schneider. Sie steht genau in der Mitte des Werkes. Ihre Bedeutung tritt dadurch hervor, daß sie aus der zeitlichen Abfolge gelöst, aus dem Schlußkapitel von »*Le côté de Guermantes*« ausgespart wird und, dort schon angekündigt, den Anfang von »*Sodome et Gomorrhe*« bildet. Marcel, der den Vorfall beobachtet, hat seinen Posten über dem Hof des Hôtel de Guermantes aus einem anderen Grund bezogen: er möchte zusehen, wie ein Insekt einer Pflanze zur Selbstbefruchtung verhilft. Statt dessen kann er verfolgen, wie zwei Homosexuelle aufeinander aufmerksam werden, wie sie sich balzend einander nähern und wie aus den beiden sich eben noch Fremden sehr bald ein Paar wird.

»Seit dem Beginn dieser Szene«, so reflektiert der Erzähler danach, »hatte sich für meine Augen eine unerhörte Wandlung in M. de Charlus vollzogen, so umfassend und plötzlich, als hätte ein Zauberstab ihn berührt. Bis dahin hatte ich nicht gesehen, weil ich nicht begriffen hatte... Der Verstand öffnet den Blick.«[1] Denn Marcel kennt Charlus seit einiger Zeit, und vor kurzem hat sich der Baron vor ihm selber so aufgeführt, daß ihm eigentlich hätte klar werden können, wie es um diesen Herrn steht: da war ihm – dem erzählten, nicht dem erzählenden Marcel – der Leser an Einsicht ein Stück voraus.

Aber auch seine Einsicht darf nur ganz langsam wachsen; langsam und doch von der ersten Erwähnung an fühlbar. Charlus gilt in Combray als Geliebter der Frau seines Freundes Swann[2]; daß man zumindest noch mehr als das von ihm hören wird, steht außer Zweifel. Tatsächlich erfährt man zu gegebener Zeit: »Swann war jedesmal glücklich, wenn M. de Charlus bei Odette war. Er wußte, daß zwischen Charlus und ihr nichts vorkommen konnte.«[3] Warum er dies weiß, wird nicht mitgeteilt. Inzwischen hat man aber auch den ersten visuellen Eindruck von ihm gewonnen: »... ein mir unbekannter Herr in einem Zwilchanzug fixierte mich mit hervortretenden Augen«[4]; das ist nicht viel und deutet doch schon an, daß es mit diesem Unbekannten etwas auf sich hat.

Zum zweitenmal sieht ihn Marcel – genauer, er sieht jemanden, einen auffälligen Herrn – am Badestrand von Balbec.[5] Und die Beschreibung dieses wiederum Unbekannten ist nun so eindringlich, daß man begreift: eine Hauptperson hat die Szene betreten. (Es ist auch schon gesagt worden, Charlus sei *die* Hauptperson der »*Recherche*«; doch es gibt keine solche.) Der große, eher beleibte, diskret gekleidete Mann, der Marcel mit einem gleichzeitig »kühnen und vorsichtigen, raschen und tiefen Blick« mustert, dann den Zerstreuten mimt, dann den Ungeduldigen – er macht »die unwillige Bewegung, mit der man zu zeigen glaubt, daß man lange genug gewartet habe, die man aber nie macht, wenn man wirklich wartet« –, und der dann einen Seufzer ausstößt »wie Leute, denen nicht zu warm ist, die aber zum Ausdruck bringen wollen, daß ihnen zu warm ist«[6], er erreicht durch sein sonderbares Betragen, daß ihn der Jüngling für einen Dieb oder einen Geistesgestörten hält. Er ist aber, wie sich herausstellt, kein anderer als der Onkel, den Saint-Loup in Balbec erwartete und den er dem Freund ausführlich beschrieben hat.

So legt sich, wie auf einer durchsichtigen Folie entworfen, Marcels Skizze über Saint-Loups Porträt des Barons. Der hochmütige, männlich-schöne Aristokrat, der alle Verweichlichung haßt, der in jungen Jahren eine homoerotische Annäherung mit schweren Prügeln beantwortet hat (aber wie hart und anmassend er auch sein mag, er protegiert doch ganz einfache junge Menschen, Hotelbedienstete, Bauernsöhne) und der »bestimmt Frauen hatte, so viele er wollte« – er verbindet sich mit der rätselhaften Gestalt am Strand, von der man nicht sehen kann, *was* sie spielt, aber *daß* sie spielt. Und da nun ein Verkehr sich anspinnt – oder spinnt *er* ihn an, Charlus, von dem man ja weiß, wie rücksichtslos wählerisch er seinen Umgang begrenzt –, wird die Skizze reicher an widerspruchsvollen Zügen. Gegenüber Marcel zeigt sich der Baron bald rührend besorgt und geradezu dienstbar, bald hochfahrend und überempfindlich für vermuteten Undank oder Mangel an Ehrfurcht; er deutet an, wieviel er für einen künftigen Protégé tun würde und daß er gerade ihn, Marcel, ausersehen haben könnte; doch die Verheißung schlägt aus dem nichtigsten Anlaß in ein halb wehmütiges, halb beleidigtes Grollen darüber um, daß seine Wahl auf den Unrechten, auf einen seiner Gunst nicht Würdigen gefallen sei.

Beinahe am Ende der »*Recherche*« fällt ein Satz, der dem Leser am Anfang geholfen hätte, während er ihn jetzt allenfalls noch ergötzt: *Il y avait d'ailleurs deux M. de*

Charlus, sans compter les autres.[7] Der verwirrliche Sachverhalt spiegelt sich auch in dem genealogischen Rollen- oder Versteckspiel, das dem Baron so wichtig ist. Palamède hätte, nachdem sein Bruder Basin Herzog von Guermantes geworden war, einen fürstlichen Titel annehmen können.[8] Aber er lebt in der Überzeugung, daß seine Baronie noch älter ist als jene der Montmorency: die älteste Frankreichs; und durch die »scheinbare Simplizität« seines Namens setzt er sich, doch wohl absichtlich, einer ungenügenden Einschätzung seines Ranges aus, die er von Fall zu Fall überlegen, ironisch hinnimmt oder mit schneidender Schärfe berichtigt. Wenn er nun junge Männer einfacher Herkunft seiner Förderung würdigt, so hat es damit nicht nur die Bewandtnis, die Marcel schließlich entdeckt und die wir jetzt kennen; zugleich spielt die lehensherrliche Obsorge da noch mit, die gerade den untersten Ständen gilt; das Wort »Leibeigenschaft« mag beiden Seiten der Sache gerecht werden. Wenn andererseits Charlus den Bürgerssohn schmäht, der nicht daran denken darf, auch nur seine »erhabenen Zehen« zu berühren[9], so bringt er damit einen krankhaften Standesdünkel zum Ausdruck; gleichzeitig redet aus ihm die leidende Wut über seine körperlich-seelische Abhängigkeit von dem *petit bonhomme*.

Einen *cachottier*, einen »Heimlichtuer« nennt Oriane de Guermantes ihren Schwager und Vetter.[10] Die Stelle illustriert die Erzählweise Prousts. Von der Herzogin eingeladen und unnötigerweise daran erinnert, daß sie die Tante Robert de Saint-Loups ist (als wüßte sie nicht, daß er dies und noch sehr viel mehr weiß), hat Marcel unter anderem erwidert, er kenne auch Charlus. »Sie kennen

Palamède?« fragt sie, und an diesen Namen knüpft sich eine Betrachtung über das Verhältnis des Barons zu den nächsten Verwandten, über seine und Orianes Jugend, seine frühern Beschäftigungen; er war der Künstler der Familie, komponierte, malte... und spricht davon mit keiner Silbe mehr. »Was für ein Heimlichtuer« – der Ausruf bestätigt das eben Berichtete, doch er bezieht sich auf das nun Folgende: Palamède »hat uns gesagt, er würde sich glücklich schätzen, Ihre Bekanntschaft zu machen, ganz als ob er Sie nie gesehen hätte«. So wird einem Verhalten auf der Ebene gegenwärtiger Handlung ein Muster aus früherer Zeit unterlegt, noch ehe es selber zum Vorschein kommt. Die Erzählung unterbricht sich, um ihre geschichtliche Dimension zu gewinnen.

»Heimlichtuer«, Charlus ist es in mancherlei Hinsicht und Absicht. Er verheimlicht sein »Laster« *(son vice)*, hat es ursprünglich wohl vor sich selber verheimlicht, wie später sein Neffe Saint-Loup. Vergeblich. Marcel wird sich erinnern, daß ihn Mme de Villeparisis vor dem Gönner gewarnt hat, den er in dem Baron zu gewinnen glaubte; ohne Begründung, und ohne daß er den Wink verstanden hätte; aber nun merkt er, daß man Bescheid wußte in Charlus' Umgebung.[11] Und bei näherem Zusehen verrät sich die Anlage, verrät sich die Neigung des Männerliebenden unwillkürlich und wider Willen. Ob er von ihrer Orangeade genommen habe, fragt ihn Mme Verdurin, und »da antwortete Charlus mit huldvollem Lächeln, in kristallhellem Ton, mit tausendfältigem Lippenspiel und wiegenden Hüften: ›Nein, ich habe ihrer Nachbarin den Vorzug gegeben, Erdbeer, wie mir scheint, eine Köstlichkeit.‹« Wer ihn so sieht und hört, der hat das Gefühl, es spreche »eine süß lächelnde Dame, die man geziert findet, weil sie sich für einen Mann ausgibt und weil Männer gewöhnlich nicht so viel Umstände machen«.[12] Das feminine Gebaren des Barons tritt mit zunehmendem Alter deutlicher hervor, und in gleichem Maße wächst sein Bedürfnis, von jungen Männern zu reden, die ihn begeistern. Durch eine naive List glaubt er sich zu tarnen: er spricht von den Reizen männlicher Jugend so offen, wie es ein Homosexueller – aus Furcht, sich zu verraten – nie tun würde; doch dieses Spiel ist ein wenig zu offensichtlich.[13]

Wenn sich M. de Charlus »glücklich schätzen würde«, Marcel kennenzulernen, obschon er ihn ja kennt, so verfolgt er mit dieser Irreführung keinen taktischen Zweck. Er hat es sich angewöhnt, seine Spuren zu verwischen; an seinem »Heimlichtun« ist die Absicht, erotische Beziehungen skandalöser Natur zu verbergen, gewiß beteiligt; doch sie erklärt sie nicht ausschließlich. Der Baron hegt ein übersteigertes Bewußtsein seines Ranges; die Schwägerin nennt ihn nicht nur einen *cachottier*: »Ist er nicht sonderbar«, sagt sie zu Marcel, »und mitunter ein wenig verrückt?« Denn für ihn ist das Geheimnis, mit dem er sich umgibt, zugleich das Mysterium seiner Macht. Wüßte man, woran man mit ihm ist, so würde ihn dies unter die gewöhnlichen Sterblichen einordnen. Er aber sieht sich als übergeordnete Autorität, die allein darüber entscheidet, wer zur Gesellschaft gehört oder sonst irgendeine Art von Beachtung verdient; niemand darf voraussehen, wen er erwählen, wen er verstoßen wird. Er hält Hof zu nächtlicher Stunde; in sakralen Formeln spricht er von der eigenen Person; er leidet an Größenwahn.

Aber Charlus erhöht sich nicht nur, er erniedrigt sich auch, und wenn seine Hoheit ein Hirngespinst ist, so wird die Erniedrigung seine wahre Geschichte. Langsam, unaufhaltsam vollzieht sie sich, über die ganze Länge des Werks. Der Leser erkennt erst nachträglich eine sehr zarte Vorausdeutung in der Szene, die Marcel und den Baron in Balbec zusammenführt. Nachdem er dem Jüngling fast auffallend wenig Beachtung geschenkt, sich aber mit seiner Großmutter – die eine *sensibilité féminine,* ein »weibliches Feingefühl« an ihm feststellt[14] – angelegentlich unterhalten hat, erscheint Charlus zu später Stunde überraschend in seinem Hotelzimmer. Er schlägt einen spröden Ton an, der sich bald sänftigt; er leiht Marcel ein Buch (Bergotte natürlich) und erweckt im übrigen den Eindruck, als wolle er etwas sagen, wofür er die Worte nicht findet. Rächt er sich für diese Verlegenheit, wenn er sich einen Tag später in schärfsten Zurechtweisungen ergeht, sein Buch zurückfordert – um es dem einigermaßen Verwirrten dann wieder zu schenken?[15]

»Wer sein Kind lieb hat, der züchtigt es«, sagt er zu Marcel im Laufe der nächtlichen Auseinandersetzung, die dem enthüllenden Auftritt im Hof des Hôtel de Guermantes vorangeht.[16] Sein wechselhaftes Verhalten gibt er durch diese Erklärung als freies Verfügen über Güte und Strenge, Gnade und Ungnade aus. Sein mit verbalen Hieben »gezüchtigter« Protégé aber – und der Leser mit ihm – hat inzwischen gemerkt, daß Charlus nicht Herr seiner Launen oder seiner Leidenschaft ist, sondern ein Opfer der Irritation, der Empfindlichkeit, von der man nun doch schon ahnt, daß sie einem verstohlen Werbenden zusetzt. Ihm drohen zwei Demütigungen: seine Wünsche können unverstanden und daher vergeblich bleiben, und sie können mißverstanden oder allzu wohl verstanden werden. Charlus muß denjenigen züchtigen, der sein Verlangen nicht spürt und ihn schmeichelhaft-törichterweise für einen selbstlosen Wohltäter hält, erst recht aber den, der sich einbildet, für ihn etwas tun zu können (ob nun das Richtige oder das Falsche); er kommt aus dem Züchtigen kaum heraus und hat allerdings nicht Unrecht, wenn er dafür seine Liebe verantwortlich macht.

Marcel hört das Anerbieten des Barons, sich seiner anzunehmen, ihn zu bilden – doch er hört den Antrag nicht heraus. Auch ist es nicht leicht, die Beziehung zu definieren, die Charlus vorschwebt. Als er eines Abends mit dem jungen Mann durch Paris wandert, treffen die beiden M. d'Argencourt an, der sich bei ihrem Anblick offenkundig das seine denkt. Solche Leute, bemerkt der Baron hinterher, sind »außerstande, wahrhaft große Dinge zu begreifen, aber sehr wohl fähig, sie zu zerstören. Ich hoffe, daß unsere Freundschaft etwas Großes sein wird«[17]; und im weiteren ist auch von Reinheit und Tugend die Rede. Nicht unbedingt aus Heuchelei und Verstellung. Auch wenn Charlus später behaupten wird, zwischen ihm und Charles Morel, seinem erklärten Schützling, den er »immer um seine Person« haben will, bestehe »nichts als bloße Freundschaft«, setzt der Erzähler hinzu: »Das stimmte vielleicht«[18]; denn die Homosexualität eines vornehmen, christlichen – jedenfalls streng katholischen –, kunstsinnigen und gebildeten Herrn kann Spiritualität sein, und zwar ungeachtet der Tatsache, daß dieser selbe Herr es mit Schneidern, Hotelangestellten und Kutschern treibt; die »normale« Liebe kennt solche Vereinbarungen und Stufungen auch.

Die Seelenfreundschaft zwischen dem Baron und Marcel scheitert, wie es scheint, schon *in statu nascendi.* Der lang nach Mitternacht in Audienz empfangene und alsbald höchst unsanft behandelte Kandidat (aber er fühlt sich schon gar nicht als solcher) fällt durch, und in einer Abschiedsszene, die sich freilich seltsam in die Länge zieht, werden die vage in Aussicht gestellten Weihen ihm aberkannt. Doch nach diesem Vorfall dauert eine gleichsam neutralisierte Beziehung – ohne daß dies ausdrücklich begründet wird – fort; von dem Kenner, von der gesellschaftlichen Autorität, von dem menschlichen Kuriosum vor allem bleibt für Marcel vieles zu lernen, und anderseits wird er für Charlus im Laufe der Zeit zu einer Vertrauensperson. Als solche beobachtet er den Niedergang, den Zerfall des Barons.

Wenn M. de Charlus voreilig, übereifrig versucht, einen arglosen (wenn auch neugierigen) Bürgerssohn an sich zu ziehen, und nun stellt sich heraus, daß er mit ihm nichts Rechtes – oder nichts Unrechtes – anfangen kann, so muß er sich zwar blamiert fühlen; doch bleibt der Schaden gering. Der Baron ist enttäuscht, nicht betrogen worden; der *petit bonhomme* nützt seine Schwäche nicht aus und wird in dem Maß diskreter, in dem seine Einsicht wächst. Einen ganz andern Verlauf nimmt die Affäre mit Morel. Auch sie wird bedachtsam vorbereitet: der Leser lernt, wenn man so sagen kann, lange vor Charlus den Sohn von Onkel Adolphes langjährigem Diener kennen. Der angehende Musiker besucht Marcel im Zusammenhang mit dem Tod dieses Onkels und charakterisiert sich durch Reste von Unterwürfigkeit und überhandnehmende Ambition; er ist *très ›arriviste‹* – ein Streber – und sucht einen Gönner, der ihn in höhere Kreise einführen kann.[19] Der unangenehme Eindruck, den seine Person hinterläßt, wird sogleich wieder wachgerufen, wenn es sich später zeigt, daß er in Charlus' Hände, oder Charlus in seine, gefallen ist.

An diesem Punkt kommt der Erzähler auf die äußere Erscheinung des Barons zurück. »In Paris, wo ich ihn nur in Gesellschaft gesehen hatte, unbeweglich im enganliegenden Frack, aufrechtgehalten durch seine hochmütige Pose, seine Gefallsucht, seine sprühende Konversation, war mir nicht aufgefallen, wie sehr er gealtert war. Jetzt, da er im hellen Reiseanzug, der ihn dicker erscheinen ließ, wiegenden Schrittes daherkam, mit schaukelndem Bauch und fast schon symbolischem Hinterteil, zerlegte das grausame Tageslicht alles, was man bei Lampenschein für die frische Gesichtsfarbe eines noch jungen Menschen gehalten hätte, in Schminke auf seinen Lippen, in Reispuder und Coldcreme auf seiner Nase, in schwarze Farbe auf seinem Schnurrbart...«[20] In dieser schon etwas aufgelösten, nahezu fragwürdigen Verfassung macht Charlus eine Bekanntschaft, die sich mit seinen gesellschaftlichen Maßstäben auf keine Weise vereinbaren läßt: er wird bei Mme Verdurin eingeführt.

Und zwar von Morel, der nun – als großer Geiger »entdeckt« – in ihrem Salon verkehrt. So wie sich Swann einst Odettes wegen in den *petit noyau* ziehen ließ, so tritt jetzt Charlus in diesen Kreis, um seinem Günstling nahe zu sein. Und da er ihn liebt, wird er ebenso schlecht behandelt wie Swann, bevor er begriff, daß die Frau, die ihn quälte, gar nicht sein *genre* war. Der Unterschied liegt darin, daß Morel den einflußreichen Baron benutzt, um Karriere zu machen, und gleichzeitig fürchten muß, durch ihn kompromittiert zu werden: die moralisch geächtete Liaison ist von vornherein schwereren Spannungen ausgesetzt als die gesellschaftlich akzeptierte Verbindung von Mann und Frau. Was sich wiederholt, ist die Intrige der Verdurins, die das Paar entzweit, ist der Sturz des Liebhabers und seine Verbannung aus einem Milieu, das weder Sonderbeziehungen noch soziale Überlegenheit duldet. Zweifach wird Charlus von seiner Eitelkeit übermannt: er rühmt sich des Glücks seiner Freundschaft mit dem jungen Virtuosen, und er läßt die Gastgeber fühlen, daß sie für die große Welt nicht vorhanden sind. Er muß für beide Triumphe büßen.[21]

Nicht nur die äußere *contenance* des Barons zerfällt in der Zeit, da er »Charlie« liebt. Auch sein Gemüt gerät außer Kontrolle. Wo er früher »gezüchtigt« hätte, um nicht ein Opfer seiner Neigung zu werden, um Herr seines unerforschlichen Willens zu bleiben, begibt er sich jetzt in die peinlichste Abhängigkeit, gebraucht unwürdige Listen, um Morels Verhalten zu überwachen und um zu verhindern, daß er sich von ihm löst. Listen, die ganz bewußt auf das inferiore Wesen des Freundes abgestimmt sind. Es macht die Tragik dieser Liebe aus, daß Charlus einen kleinen Schuft anbetet und dies auch weiß. Er ergötzt sich sogar an Morels gewissenlosem Betragen gegenüber dem weiblichen Geschlecht – und im besondern gegenüber der Nichte Jupiens, deren er sich aber annimmt, nachdem er wie sie den Geliebten verloren hat; denn seine Perversion macht ihn zwar *un peu fou*, wie Oriane festgestellt hat, doch die überpersönliche Ehrenhaftigkeit, die sein Erbe ist, bleibt ihm erhalten. Um so schwerer trifft ihn die Demütigung, da sich Morel mit einer moralischen Entrüstung, die ihm nicht ansteht, die aber der Konvention nach berechtigt ist, von ihm abwendet.

Er wird diese Trennung nicht verwinden, wird seine Bereitschaft, »alles Vorgefallene vergeben und vergessen sein zu lassen«, noch lange signalisieren, gleichzeitig auch mit Rachegedanken umgehen – während »Charlie« den früheren Gönner mit seinem Haß verfolgt. Es gibt keinen Nachfolger, oder unzählige. Der Baron, der inzwischen kaum mehr ein Geheimnis zu hüten hat und dem seine Maßgeblichkeit in der Gesellschaft allmählich entgleitet, wird zum Kunden jungmännlicher Prostitution. Und als Marcel eines Nachts in der Kriegszeit auf seinem Weg durch die verdunkelte Stadt ein Hotel zu betreten glaubt und einen von Jupien geleiteten »Privatclub« entdeckt, kann er Charlus beobachten, der sich fesseln und schlagen läßt, als gälte es einen Exorzismus: die Austreibung seiner Liebe.[22]

Und seines Stolzes. Denn da ihm Marcel noch einmal begegnet, einem kranken, sehr alten Mann nun (und Jupien, die treueste Zufallsbekanntschaft, ist jetzt sein Wärter), sieht er ihn mit der ausgesuchtesten Höflichkeit eine Dame grüßen, von der er sein Lebtag nichts hatte wissen wollen. »Und wirkungsvoller als bei Sophokles ein Chor den gedemütigten Stolz des Oedipus, stärker als selbst der Tod und als jede Grabrede über den Tod brachte der eifrig-ergebene Gruß des Barons vor Mme de Saint-Euverte das Zerbrechliche und Vergängliche irdischen Ehrgeizes und allen menschlichen Hochmuts zum Ausdruck.«[23]

VII
Albertine

J'appelle ici amour une torture réciproque.[1]

Wie alle andern Gestalten der »*Recherche*« sehen wir Albertine durch die Augen des Erzählers, und der Erzähler sieht sie – erinnernd – durch die Augen des sehr jungen Mannes, der er einst war, und auch durch die Augen des nicht mehr jungen, der er »jetzt« ist. Daraus entsteht kein Unterschied in der Charakterisierung des Mädchens – das als »Charakter« kaum faßbar ist. In den Monaten, da Albertine bei Marcel lebt, als seine »Gefangene«, schenkt er ihr Hauskleider von Mariano Fortuny; er zieht sie an, er kostümiert sie, und sie mag vor ihm gestanden sein wie die »Person« in den Bildern Vermeers vor dem Maler, mit einem Ausdruck, der nichts verrät und von dem man nicht weiß, ob er viel oder wenig verheimlicht.

»Wenn ich damals gewußt hätte«: das Wort fällt freilich auch in Verbindung mit Albertine.[2] Dem Erzähler ist manches vielleicht ein klein wenig klarer geworden seit jener Zeit, da er dem Verhalten der Freundin nachrätselte; doch der spätere ist dem früheren Marcel nicht nur dank größerer Klarheit, sondern vor allem durch seine geringere Wißbegier überlegen. Und daß die Liebe des jüngern zu Albertine unglücklich war, das erklärt sich für den ältern zum kleinsten Teil aus mangelndem Wissen; es erklärt sich aus dieser Liebe selbst.

Was hier dem Leser zu schaffen macht – und um so mehr, je besser er den Roman kennt –, das ist nun gerade das Fehlen eines recht deutlichen Abstands zwischen Erzähler und einstigem »Helden«, mindestens in dem einen Punkt, daß Albertine nachträglich angemessener aufgefaßt werden könnte, als dies noch mitten in ihren und Marcels Irrungen möglich war. Anders gesagt, jene Irrungen bleiben ein Fatum, das zwar durch unglückliche Umstände, auch durch verhängnisvolle Zufälle zum Vollzug kam – und solche Umstände, Zufälle lassen sich analysieren –, aber ein Fatum, dessen eigentlicher Ursprung merkwürdig unreflektiert bleibt, nämlich die Tatsache, daß der Liebhaber die Geliebte als menschliches Gegenüber nicht hat begreifen können.

Man trägt zum Verständnis der »*Recherche*« kaum etwas bei, wenn man ihrem autobiographischen Hintergrund nachfragt. Daß aber Marcels Geschichte mit Albertine nicht oder nur andeutungsweise auf die Ebene kritischer Auseinandersetzung gelangt, hat wohl nicht nur den einen Grund, daß sie den unfertigsten Teil des Romans ausmacht; es mögen da tatsächlich eigene Erinnerungen – gleich welche – den Autor (nicht erst den Erzähler) daran gehindert haben, den Stoff mit der ihm sonst gewohnten freien Nachdenklichkeit zu verarbeiten. Er weist allerdings immer wieder auf Analogien zwischen Marcels Erlebnissen und den früher ausführlich erörterten von Charles Swann hin[3] – hebt damit auch ein Strukturelement des Romans hervor –, doch das Spezifische der Albertine-Tragödie kommt so zu kurz, wird verschleiert oder mit Absicht gedämpft.

Nicht auf Proust, aber auf Albertines Liebhaber, auf Marcel müssen wir nochmals einen Blick werfen. Der Knabe sieht Gilberte, das gleichaltrige Kind, im Garten von Tansonville stehen; er schaut sie an »mit dem Blick, der nicht bloß der Herold der Augen ist, sondern es neigen sich durch sein Fenster in Angst erstarrt alle Sinne; er möchte den Leib, den er anschaut, berühren, einfangen, wegführen, und die Seele mit ihm…«[4] Angstvolle Begierde; sie wird ihn weiter verfolgen. Der Jüngling, der sich spät aus mütterlicher Obhut gelöst hat, versucht nun – selbständig und schutzbedürftig zugleich – die Frauen seiner Träume in der Wirklichkeit wiederzufinden[5]; in der Rolle des Lebemanns frequentiert er Bordelle, nähert sich ländlichen Schönen, und jahrelang martert ihn Sehnsucht nach einer Vicomtesse de Stermaria, die ihm fast nur vom Sehen bekannt ist, und nach der Zofe einer Baronin Putbus, die er so wenig kennt wie ihre Zofe.

Auf der Ebene solcher Erlebnisse bleibt die Idee der »Lust am Besitz einer Frau« doch an Einzelpersonen gebunden; Marcel ist, seinem äußern Verhalten zum Trotz, nicht Lebemann in dem Sinn und dem Grade, daß er die Frauen »als auswechselbare Instrumente einer immer gleichen Lusterfahrung« betrachtete.[6] So kann er jedesmal nur jemanden »besitzen« wollen. Er ist aber einer von denen, »die zu sehr an sich zweifeln, um glauben zu können, daß je eine Frau sie lieben wird oder sie selbst eine Frau lieben werden«, und zu der Zeit, da er Albertine an sich zieht, ist ihm klar geworden, daß bei Menschen wie ihm »die Gefühle und Handlungen nicht in engem und notwendigem Zusammenhang mit der geliebten Frau stehen, sondern an ihr vorbeigehen… und das Gefühl der eigenen Unbeständigkeit steigert bei ihnen noch den Verdacht, daß die Frau, von der sie so gern geliebt werden möchten, sie nicht liebt«.[7]

Auf Marcel trifft auch die Umkehrung dieses Satzes zu:

der Verdacht, nicht geliebt zu werden, steigert seine *instabilité*, seine Unstete. Er traut seinem Glück bei der Einen nicht, und die Beziehungen, die er zu anderen Frauen knüpft, sollen ihn vor der Leere bewahren, mit der ihm sein Mißtrauen droht. Nicht aus vitalem Übermut, sondern aus nervöser Verzagtheit ist er auf erotische Erlebnisse aus. Solange das Elternhaus ihm noch Sicherheit bot, war er stark genug, auf *eine* Karte zu setzen: Gilberte, die früheste Liebe, ist auch die ausschließlichste gewesen. Je mehr er sich selbst überlassen bleibt, um so weniger wagt er es, ganz auf *einen* Menschen zu bauen. So ist dann aber Albertines Unzuverlässigkeit in Marcels Ängsten angelegt.

Aus Gilbertes Mund hört er den Namen zum erstenmal: »... eine Kleine, die ein paar Klassen unter mir in die Schule ging, die berühmte ›Albertine‹. Sie wird sicher einmal ›very fast‹, aber vorläufig benimmt sie sich etwas merkwürdig.«[8] Wieder dieses weit vorzeitige Signal: jemand, von dem man noch hören wird... Nach einiger Zeit – Marcel und Gilberte sehen einander nicht mehr – spricht Mme Bontemps von ihrer Nichte, von Albertine: »Stellen Sie sich vor, wie unverschämt sie sein kann«; es folgt ein allerdings frecher Ausspruch der Nichte, auf den die Tante stolz ist.[9] Noch etwas später aber soll Marcel seinen Vater zu einem Diner begleiten, »wo auch die Bontemps' mit ihrer Nichte Albertine, einem ganz jungen Mädchen, fast einem Kind noch, sein würden«. Er weigert sich; nichts soll ihn in seinem Liebeskummer um Gilberte stören. »So überschneiden sich unsere Lebensphasen.«[10] Erst auf der Strandpromenade von Balbec sieht er die Radfahrerin, das brünette Mädchen mit den vollen Wangen und der schiefsitzenden Polomütze. Aus ihren Augen trifft ihn ein schwarzer Strahl, und »was bisher mein Leben gewesen war, hatte mit einemmal aufgehört, mein ganzes Leben zu sein ...«[11]

Sie gehört zu einer Gruppe von Freundinnen – zu einer Bande, ihrem rüden Auftreten nach –, und es dauert eine Weile, bis sich Marcel vergewissert hat, daß sie es tatsächlich ist, deren Namen er kannte, die kleine Simonet, *la fameuse Albertine* mit dem merkwürdigen Benehmen. Die jungen Mädchen sind für ihn schwer einzuordnen; ihre Ausgelassenheit läßt ihn – zu Unrecht – an ihrer Tugend zweifeln und ihr Umgangston an ihrer bürgerlichen Herkunft, ebenfalls zu Unrecht, denn sie stammen ungefähr aus dem gleichen Milieu wie er selbst. Es ist die Seebad-, die Ferienatmosphäre, ihr unkontrolliertes Gruppenleben, was ihnen den Anschein des Sittenlosen, die abenteuerliche Note verleiht; in ihren Gesprächen kommen sie auf den Schülerinnen-Alltag, auf Prüfungssorgen zurück. Marcel, der in ihre Kameradschaft aufgenommen und ohne Umstände als Albertines Freund betrachtet wird, läßt sich von dem Farben-, Licht- und Schattenspiel ihrer Existenz bezaubern, er sieht Albertine täglich und sieht sie, wie er sich später erinnern wird, »täglich neu«.[12]

In diesem ersten Balbec-Sommer – auf den für Marcel die Leiden um Mme de Guermantes und die ersten Begegnungen mit dem Faubourg Saint-Germain folgen – löst sich Albertine noch nicht ganz aus der Gruppe oder Bande der *jeunes filles en fleur*, und es bleibt ungewiß, ob er in ihr alle anderen Mädchen oder sie alle um ihretwillen liebt. Und man wird sehen *(on verra plus tard)*, daß der Reiz ihrer Person sich für ihn auch weiterhin aus dieser Anfangssituation erneuert und nährt. Je mehr seine Eifersucht ihn dann verleitet, die Geliebte zu isolieren, damit sie nur noch für ihn allein da sei, desto mehr verliert sich der Abglanz gemeinsamer weiblicher Jugendschönheit und Lebensfreude; die Liebe zerstört ihre eigenen Wurzeln.

»Die Welt der Gestirne ist nicht so schwer zu erkennen wie das wirkliche Tun der andern, namentlich wenn wir sie lieben...«[13] Es klärt sich bis zum Ende des ersten Aufenthaltes in Balbec nicht, worin die *drôle de touche*, das merkwürdige Benehmen, das Albertine zugeschrieben wird, eigentlich besteht. Die Mädchenbande ist beim Personal des Kurbetriebs schlecht angeschrieben, weil ihr mehr als unbefangenes Verhalten viel Unruhe stiftet. Aber in Elstirs Atelier sind ihre Besuche willkommen; ihr Betragen kehrt leicht in die Bahnen der guten Erziehung zurück. Albertine tut sich unter den Freundinnen weniger durch ein besonders keckes Auftreten als durch Warmherzigkeit, Hilfsbereitschaft und Loyalität hervor. Ihr fast leidenschaftliches Streben, allen gefällig zu sein, bringt sie mitunter in Situationen, die ihre Aufrichtigkeit gefährden.[14] Doch die Gefälligkeit hat ihre Grenzen, gerade auch in erotischer Hinsicht. Nur schon um zu verhindern, daß Marcel sie küßt, zieht sie im Hotelzimmer die Klingel[15]; was die bürgerliche Moral rechtfertigt, aber der freie Umgang unter den jungen Leuten nicht nahelegte. Sie werde *very fast* sein, hat Gilberte vorausgesagt; davon merkt man fürs erste nicht viel.

Bedeutsam ist nun – nicht, wie Marcel auf die Zurückweisung seines verliebten Übergriffs reagiert, sondern wie der Erzähler die Folgen dieses Zwischenfalls sieht.

Einerseits stellt er fest, daß Marcel – er selber, damals – geglaubt habe, Albertine unabhängig von der Möglichkeit oder Unmöglichkeit der *possession physique* gern zu haben; daß aber die Klärung in diesem Punkt sein Attachement doch gelockert und gleichmäßiger auf die Mädchen verteilt habe. Andererseits erklärt er es für verhängnisvoll, daß er in diesem Augenblick ein moralisches Zutrauen zu der Freundin gefaßt habe. »Ein solches Gefühl kann die Ursache schwersten Kummers sein. Denn um wirklich durch eine Frau zu leiden, muß man völlig an sie geglaubt haben.«[16]

Aus dieser Einsicht ergibt sich, daß Marcel gut daran getan hätte, die Beziehung zu Albertine abzubrechen, sowie sie sich vom Niveau eines Liebesabenteuers auf die Ebene menschlicher Übereinstimmung zu verschieben drohte. Wobei man natürlich dazudenken muß, daß sich Kummer und Leiden erst dann einstellten, als es erneut um den körperlichen »Besitz« ging – und um seinen Verlust, von dem der »Glaubensverlust« des enttäuschten Liebhabers schwer zu trennen ist. Wenn es sich aber herausstellt, daß Marcels glücklichste Zeit im Verkehr mit befreundeten Mädchen, in ihrem »Schatten«, ohne ausschließliche Bindung dahinging, und wenn er in seinen unglücklichsten Tagen umsonst danach trachtete, sich der Person Albertines zu versichern, dann drängt sich dem Leser wohl nicht so sehr der Vergleich mit Swann auf wie der mit Charlus, dessen erotische Lebensökonomie durch die Wahl *eines* Partners, durch menschliches Engagement, aus den Fugen gerät.

Ist es aber nicht ebenso sehr auch Albertines Verhängnis, daß sie in Marcel – nach wohlbegründetem Widerstand – den einen Geliebten findet? Der Erzähler würde uns die Frage nicht verbieten und würde sie, wenn es denn sein müßte, wohl auch bejahen. Aber seiner Perspektive entspricht sie nicht. Für Marcel rührte das Unglück von den Beziehungen her, die Albertine eingegangen war und in die sie verstrickt blieb – lesbischen Beziehungen, die sie vor dem Freund zu verheimlichen strebte. »Was sie mir alles mühelos und erst noch gern gestanden hätte, kam ihr nun nicht mehr über die Lippen, seitdem sie glaubte, ich liebte sie, oder seitdem sie – auch ohne ganz deutlich an Liebe zu denken – ein inquisitorisches Verlangen erraten hatte, das wissen will und doch unter dem Wissen leidet und noch mehr zu erfahren sucht.«[17]

In der Erzählung entfaltet sich dieses Wechselspiel von leidender Wißbegierde und wissendem Leiden, bei Marcel wie einst bei Swann, der es jedoch mit einer – in ihn zwar verliebten – Berufsabenteurerin zu tun hatte. Odette erreichte durch ihn, was sich für ihre reiferen Jahre empfahl, eine komfortable Ehe; und so kam auch er einigermaßen zur Ruhe. Marcel dagegen verbindet sich mit einem sehr jungen Mädchen, das ihm bestimmte Zusammenhänge verheimlicht, seit er und sie mehr als nur »gute Kameraden« sind. Worin aber besteht dieses »mehr«? Der Erzähler meint – oder sagt –, was schon Marcel meinte: Albertine habe ihre Unbefangenheit ihm gegenüber deshalb verloren, weil sie glaubte, er liebe sie. Und die Psychologie dieses jungen Mannes erklärt allerdings, daß *er* es sich so zurechtlegte. Der Leser mag zu der einfacheren Annahme neigen, Albertine habe dem Freund ihre fragwürdigen Beziehungen verschwiegen und seinen Argwohn immer wieder zu zerstreuen gesucht, weil *sie ihn* liebte; deshalb war ihr sein Vertrauen wichtig, und im Hinblick auf das Ende der Geschichte kann man sagen: lebenswichtig.

Nun ist es aber gerade der Zweifel, der Argwohn, woran Marcels Liebe – oder was er so nennt – sich entzündet. Ein zweiter Balbec-Sommer ist vorübergegangen, Marcel hat Albertine als Cousine bei den Verdurins eingeführt, wo Charlus und »Charlie« wie ehedem Swann und Odette die Aufmerksamkeit auf sich ziehen. Die beiden sind täglich zusammen gewesen; man könnte sie – Marcels Mutter findet das *inconvenable,* unschicklich – für verlobt halten, und Albertine könnte selber bald glauben, sie sei mit Marcel verlobt; ihm ist sie halb unentbehrlich, halb lästig geworden. Die Rückkehr nach Paris erscheint ihm als Gelegenheit, die Verbindung mit ihr zu lösen. Da erfährt er, wie eng sie mit Vinteuils Tochter und ihrer Gefährtin vertraut war, vielleicht noch ist, und nun steht für ihn fest, und er sagt es der erschrockenen Mutter: »Ich muß Albertine unbedingt heiraten.«[18] Er fährt mit ihr nach Paris, und dort, in der Wohnung seiner monatelang abwesenden Eltern, bleibt sie bei ihm als heimlicher Gast, als *prisonnière,* als Gefangene.

Er quält sie auf doppelte Weise. Um sich nicht aus der Hand – sich nicht in ihre Hand zu geben, spiegelt er ihr vor, daß er um einer andern willen leide und auf ihren, Albertines, Trost angewiesen sei, ohne sie wirklich zu lieben. Und in seiner Eifersucht überwacht er sie unausgesetzt, oder er läßt sie überwachen, allerdings durch Personen, denen er zu Unrecht vertraut. Um zu verhüten, daß sie mit Frauen eines bestimmten *mauvais genre* zusammentrifft, vereitelt er ihre Pläne; nur schon daß sie sich auf einen Anlaß freut, ist Grund genug, sie davon fernzuhalten. So hindert er aber auch sich – da ja der Wächter nicht freier ist als der Häftling – an verlockenden Vorhaben: Albertine hält ihn ab ... und er wird ihrer überdrüßig, wann immer er glaubt, ihrer sicher zu sein. Wie sehr er sie liebt – oder wie notwendig sie ihm ist –, merkt er erst, als sie ihm, in heller Verzweiflung über sein Verhalten, entflieht.

Es paßt durchaus zur Erzählperspektive, wenn der Versuch, von Albertine zu sprechen, immer von neuem dazu führt, daß von Marcel die Rede ist. Die *»Recherche«*, erinnernde Suche nach dem Erfahrenen, ist ein Vorgang der Introspektion. Der Erzähler kann Albertine nur in sich selbst wiederfinden, in Bildern, die aus dem Wechsel seiner Gefühle entstanden sind. Der Zauber, den er in Balbec *à l'ombre des jeunes filles* empfand; erotische Anziehung, kameradschaftliches Zutrauen, Freude und Überdruß an der *possession physique,* Eroberungslust und Eifersuchtsqual; die Verzweiflung über ihre Flucht und nach ihrem Tod noch das Fieber der Nachforschungen; am Ende die schmerzliche Erleichterung des Vergessens: aus alledem ist Albertine hervorgegangen, für Marcel, für den Erzähler.

Er hat früh geahnt, er würde »nie etwas über sie erfahren, würde mich nie in dem weitläufigen Gemenge von erlogenen Fakten und wahren Details zurechtfinden. Und das würde immer so sein, außer ich setzte sie gefangen (aber man flüchtet) bis ans Ende ihrer Tage. An jenem Abend ließ mich diese Überzeugung nur leise erschauern; doch war sie so etwas wie die Vorwegnahme langer Leiden.«[19] Anfangs freilich »lebte in dem Zauber, den Albertine in Paris, an meinem Kaminfeuer für mich hatte, noch das Verlangen, das der blühende, übermütige Zug der Mädchen am Strande von Balbec in mir geweckt hatte..., blieben in dieser eingesperrten Albertine... noch der Gefühlsüberschwang, die gesellschaftliche Freizügigkeit, die erregte Gefallsucht, die schweifenden Begierden des Meerbadlebens bestehen«.[20] Doch wenig später ist »die Freude, Albertine bei mir in meiner Wohnung zu haben, viel weniger ein Gewinn für mich als die Genugtuung darüber, einer Welt, wo sich jeder an ihr hätte freuen können, dieses blühende Mädchen entzogen zu haben, das zwar mir selber kein großes Glück schenkte, aber es wenigstens den andern versagte«.[21]

Seltsame Liebe: die sich zuletzt in der einen Ausnahmesituation verwirklicht, in Albertines Schlaf.[22] »Wenn ich allein war, konnte ich an sie denken, aber sie fehlte mir, ich besaß sie nicht; wenn sie da war, sprach ich mit ihr, aber ich war dann zu weit von mir selber entfernt, um denken zu können. Wenn sie schlief, brauchte ich nicht mehr zu sprechen, ich wußte, daß ihr Blick nicht länger auf mir ruhte, ich war nicht mehr gezwungen, an der Oberfläche meiner selbst zu leben.«

So genau wird der Leser über alles ins Bild gesetzt, was Marcel im Zusammenhang mit Albertine bewegt. Aber Albertine selbst? Von ihr weiß Proust vielleicht noch etwas mehr als sein Erzähler. Der tiefe Schlaf, in den sie plötzlich fällt, hat nicht allein den Sinn, ihrem Liebhaber soviel Anwesenheit zu gewähren, wie er braucht und verträgt. Er ist auch Refugium, Schutz vor Fragen, legitimiertes Schweigen. In ihm gibt sich Albertine preis und wird gleichzeitig undurchdringlich. Ihr Körper sagt: ich bin ja da; ihre Seele verhüllt sich.

Albertine ist arm; auf ihre Tante angewiesen, die sie recht gern ziehen ließe, wenn eine schickliche Lösung sich fände (in Mme Bontemps hat Marcel nicht geradezu eine Verbündete, aber er kann ein diskretes Wohlwollen bei ihr voraussetzen). Albertine ist ein guter Kumpan. Die *petite bande* hat sich um sie gebildet, ihre Kameradschaftlichkeit hält sie zusammen. Ihre Situation macht es leicht und legt sogar nahe, daß sie bei dieser, bei jener, bei einer dritten Freundin zu Gast ist; sie wird von reichen Leuten eingeladen, sie macht sich beliebt, es ist ein Vergnügen, sie zu verwöhnen; von früh auf akzeptiert sie, daß alle möglichen Menschen, namentlich Frauen, sich ihrer annehmen. Und sie ist schlau. Für Françoise fällt sie unter die Kategorie der *enjôleuses*, der Schmeichelkatzen. Marcel glaubt sie besser zu kennen, doch der Erzähler widerspricht der Haushälterin nie ganz ausdrücklich: Albertine gehört zu denen, die auf ihre Rechnung kommen müssen, nicht gerade von Tag zu Tag, aber von einer Konstellation zur nächsten. So lebt sie tatsächlich *very fast*, wie Gilberte vorausgesagt hat; nicht geld- oder sonst besitzgierig, aber begierig, das Leben auszukosten, und denen zugetan, die ihr auf eine oder die andere Weise dazu verhelfen. Und sie ist einsam. Ihre Beziehungen fügen sich nicht zusammen, und manche von ihnen muß sie sorgfältig auseinanderhalten. Aus dem Wunsch, den jeweiligen Partner spüren zu lassen, daß es ihr einzig um ihn zu tun ist, entsteht ein System der *fins multiples*, der mehrfachen Zwecke. Ihre Freundin Andrée fährt von Balbec nach Paris zurück, und sie selber begleitet gleichzeitig Marcel dahin[23] – um ihn in seinem vermeintlichen Kummer um eine andere Frau nicht allein zu lassen? Um Andrée nahe zu bleiben? Das schließt sich nicht aus (es könnte auch beides nicht stimmen), und doch soll die Freundin nur diese, der Freund nur jene Version hören. Eine *enjôleuse*, eine Schwindlerin? Tatsächlich wächst die Zahl der Versionen, durch die sie Verheimlichtes mit Überprüfbarem deckt oder eingestandene Zusammenhänge mit falschen Angaben wieder verschleiert; allmählich verliert sie den Überblick, widerspricht und verrät sich. Im Kampf um ein unverdächtiges Bild ihres zerrütteten Lebens treibt sie sich selbst immer mehr in die Enge.

Durchaus denkbar ist, daß sie gerade durch ihre Verbindung mit Marcel eine neue Existenz, bereinigte Verhältnisse, vielleicht auch eine soziale Sicherung zu finden hofft. Aber da ist sie nun – der Erzähler sagt es uns nicht, wir sind auf Winke Prousts angewiesen – an den Falschen geraten. Nicht nur hilft Marcel ihr nicht, sich von ihrer Vergangenheit zu befreien und sich aus weiterbestehenden Abhängigkeiten zu lösen; durch seine Verhöre behaftet er sie auf ihrem bisherigen Leben, seine Eifersucht hindert ihn, ihr ein neues – versuchsweise wenigstens – zu ermöglichen; und überdies nimmt ja sein Interesse an ihrer Person immer dann ab, wenn er ihrer sicher zu sein glaubt. Gegen das Ende ihres Zusammenseins in Paris stellt er fest, daß sie niedergeschlagen, traurig von ihren Ausflügen zu ihm zurückkommt. Wie kann eine Frau, so würde ein anderer Erzähler wohl fragen, einem Mann noch begegnen, der nur aus Mißtrauen an ihr hängt und den ihre Zuwendung, sobald sie ihm echt scheint, gleichgültig stimmt? Er verwöhnt sie – auch geistig, sie darf bei ihm lernen, ihr Geschmack, ihre Sprache verfeinern sich –, er überhäuft sie mit Geschenken, sie könnte von seiner Eifersucht leben, ihn die Unordnung spüren lassen, in der sie wohl wirklich verharrt, ihn gefangen halten, so gut wie er sie. Statt dessen entflieht sie, zurück – für ihre letzten Lebenstage – in die Freiheit eines »Passanten«, der gibt und nimmt und am ehesten noch beständig ist, wenn man ihm vertraut.

VIII
Die Königreiche des Wahren

Die Wege nach Méséglise und nach Guermantes werden zum einen Weg. Zum Weg in die Landschaft, von der Legrandin schwärmt und die Marcel zu seinem ersten Schreibversuch anregt. Zum Weg in die menschlichen Verhältnisse, deren weitläufiger Zusammenhang sich gleich langsam klärt und erschließt wie die räumliche Ordnung.

Der Erzähler, der längst nicht mehr junge Marcel, kehrt – in »*Le temps retrouvé*« – nach Paris zurück und findet eine veränderte Gesellschaft. Die Personen, die er wiedersieht, kennt man kaum mehr, und die Ränge, in die sie gestellt waren, in die sie »gehört« hatten, sind aus den Fugen geraten. »Leute, die nach den alten Regeln nicht hätten hier sein dürfen, waren zu meinem großen Erstaunen mit äußerst hochgeborenen Leuten befreundet, die einzig um dieser neuen Freunde willen bereit waren, sich bei der Fürstin Guermantes zu langweilen«, und diese Gastgeberin ist keine andere als die frühere Mme Verdurin; denn die Société verfügt über eine »ungemeine Leichtigkeit, sich zu deklassieren«.[1]

Und eben jetzt, da gesellschaftlich alles durcheinander geraten ist und allein das Gedächtnis hinter den Altersgestalten der echten und falschen Standespersonen die Welt noch erkennt, in der sie gelebt haben, jetzt erst gewinnt der Erzähler den Überblick. »Wie ein Flieger, der bisher mühsam auf dem Boden dahingerollt ist und nun mit einemmal ›abhebt‹, so stieg ich langsam zu den schweigenden Höhen der Erinnerung auf.«[2] Aus Gegenständen, Geräuschen und Gerüchen empfängt das Gedächtnis die letzten Anstöße, dann versenkt es sich in den eigenen Innenraum. Nicht an den Schauplätzen des Geschehens finden wir die vergangenen Zeiten. »Die festen Stätten, an denen die Jahre vorbeizogen, müssen wir in uns selber suchen.«[3]

Die Komposition der »*Recherche*« ist doppelsinnig. Die Erzählung bewegt sich vom Anfang bis gegen das Ende hin auf den Punkt zu, an dem es möglich sein wird, rückblickend zu erkennen, was war. Und was wir inzwischen doch schon erfahren haben; denn durch die Vergangenheit, deren er sich zuletzt vergewissern wird, war der Erzähler ja immerfort unterwegs. Was er uns da aber sehen ließ, war Marcels jeweilige Gegenwart; es ging einmal nach Méséglise, einmal nach Guermantes: durch unerkannte Verknüpfungen. Und Schritt für Schritt, Phase um Phase verlor sich die Zeit. Da Marcel der Soiree im Palais der Guermantes-Verdurin beiwohnt, ist alles zerfallen: die Gesellschaft, die Menschen und was sie zusammenhielt, Hoffnungen, Liebe... Und an diesem Punkt, wo »die Jahre dahingegangen sind wie Geschwätz« und wo der Erzähler – der Künstler, der sich noch nie hat beweisen können – mit leeren Händen dasteht, tun sich die Schächte der Erinnerung auf, eine Gesamtstruktur tritt hervor, und für Marcel wird zur Gewißheit, was er einst ahnte: »daß mein unscheinbares Dasein und die Königreiche des Wahren nicht so sehr voneinander getrennt waren, wie ich geglaubt hatte«.[4]

Am Ende von Prousts Roman macht sich der Erzähler ans Werk, und wer mit ihm den großen Zusammenhang des erinnerten Lebens durchschauen will, dem bleibt gar nichts anderes übrig, als die »*Recherche*« von neuem zu lesen. Nun wird die Zeit, die verlorenging, wiedergewonnen, und die Jahre schwinden einander nicht nach, sondern fügen sich zu einem Ganzen zusammen. Freilich wäre es ein Mißverständnis, wollte man diesen Vorgang als Harmonisierung verstehen. Die Gesellschaft, die uns die »*Recherche*« zeigt, ist eine *città dolente*. Je vollständiger uns die Biographien und die Charaktere erscheinen, desto weitergreifende, desto bedrängendere Spannungen nehmen wir wahr, zwischen und in den Personen. Friedlicher Ausgleich kommt selten vor; ganz überzeugend wohl nur bei Elstir – warum gerade bei ihm?

Der Maler, er allein, nimmt Offenbares auf und leistet Offenbares. Es ist freilich ein Schriftsteller, der dies feststellt, und so verbindet er den Begriff der »Metamorphose« (des Gesehenen in das Kunstwerk, ins Bild) mit demjenigen der »Metapher«: »Wenn Gottvater die Dinge geschaffen hatte, indem er sie beim Namen nannte, schuf Elstir sie wieder, indem er ihnen den Namen entzog oder einen anderen gab.«[5] So tauschen Stadt und Meer die Bedeutungen: der Hafen von Charquethuit wird zum festen Gelände, und die Kirche von Criquebec scheint aus den Fluten zu steigen. Erst recht hört es sich wie eine literarische Umdeutung der Malerei an, wenn Elstir, überraschend genug, mit Mme de Sévigné verglichen wird. Die Briefschreiberin hätte »zur gleichen Familie« gehört wie der Impressionist. Der Vergleichspunkt liegt aber im Adel der reinen Vermittlung: in der Größe eines Zeigens, das nicht nach Ursachen fragt und Personen wie Landschaften »nach dem Maß unserer Wahrnehmungen« erscheinen läßt.[6]

Man darf den Erzähler nicht so verstehen, daß er die bildende Kunst durch sprachliche Kategorien erklären möchte. Da Marcel an Elstirs Stilleben seinen Blick geschult hat, sieht er *la vie profonde,* das tiefgründige Leben der Gegenstände, die nach dem Essen im Speisesaal des Hotels von Balbec auf den Tischen herumliegen.[7] Es ist die Malerei, die für ihn den Weg zum anschauenden Begreifen und damit zur Literatur bahnt. Elstir habe sein Sehen von Grund auf beeinflußt, bekennt der Erzähler. Sein Sehen und vielleicht sein Wunschbild des Künstlerlebens. Denn anders als Bergotte, der Dichter, Vinteuil, der Musiker, Berma, die Schauspielerin, ist Elstir nicht in die Einsamkeit geraten – er hat sie gewählt[8], um sich in die Dinge zu versenken und nicht nur als Maler, sondern auch durch einen immer natürlicheren und daher immer feineren und strengeren Geschmack[9] (da wird die Analogie zu Mme de Sévigné, zwar unausgesprochen, noch einmal spürbar) zu gültigen Lösungen zu gelangen: zu Formen der Wahrheit.

Durch das gesellschaftliche Leben führt kein so gerader Weg; hier sind es die Umwege, auf die wir achten sollen. »Wir tauschten« – Marcel und Albertine – »lügenhafte Worte. Doch eine tiefere Wahrheit als jene, die wir aussprechen würden, wenn wir aufrichtig wären, kann sich bisweilen auf einer anderen Bahn als durch Ehrlichkeit kundtun.«[10] Und nicht bloß die Lüge lenkt unsern bedenklichen Gang; auch ohne unser Zutun »wandelt sich die Wahrheit für uns so sehr, daß die andern es schwer haben, sich darin auszukennen«.[11] Schon »das Universum ist ja wahr für uns alle und wieder anders für jeden«.[12]

So zerfällt im Bereich des Zusammenlebens, der Sprache, des Fühlens und Denkens die eine Ansicht, die durch den Maler geboren wird (das »jezuweilen Ewige«, mit Burckhardt zu reden, das vom einen- zum andernmal Gültige). Sie zerfällt in die »Ansichten« eines jeden, aber sie kann auch aus der Wirklichkeit fallen. Marcel bemerkt, daß »die Welt des Möglichen mir stets offener stand als die des zufällig Wirklichen«.[13] Die Konflikte und Spannungen, in die er gerät – nicht nur er, sondern im Lauf der Erzählung fast jede Person –, werden vom unaufhörlichen Wechselspiel des Wirklichen und des Möglichen, in Selbsttäuschungen, Illusionen, Vorspiegelungen, Fiktionen erzeugt. Die Gesellschaft erscheint als ein einziges *qui pro quo*: da ist kaum jemand, was er zu sein glaubt oder behauptet. Und wir sorgen dafür, daß des Ratens und Irrens kein Ende ist: »wir fühlen uns durch jedes Leben angezogen, das uns etwas Unbekanntes darstellt, durch jede noch nicht zerstörte Illusion«.[14]

Es macht aber einen Unterschied, ob die Illusion durch Entlarvung und Überführung zerstört oder durch Verständigung überwunden wird. Im gesellschaftlichen Universum der *»Recherche«* ist die Verständigung selten. In Doncières ereignet sie sich, unter den befreundeten Offizieren, mit denen Marcel seine Abende als Gast Saint-Loups verbringt: in dieser Runde kann ein Gespräch über Stunden hinweg eine unvermittelte Übereinstimmung stiften, »von den andern getrennt durch die wunderbaren Schleier einer Sympathie unter Männern, die eben dann, wenn keine körperliche Anziehung sie erzeugt, die einzige wahrhaft geheimnisvolle Beziehung ist«.[15] Geheimnisvoll: wie die besitzlose Aneignung sichtbarer Welt. Aber ein solches Sichfinden erscheint als vereinzelter, unter besondern atmosphärischen Bedingungen entstandener Glücksfall und nicht als Modellfall tragfähiger Freundschaft.

Um die Illusionen des Zusammenlebens nicht nur in Enttäuschungen nach und nach zu zerstören – damit vielmehr die Illusion als Gesetz außer Kraft tritt, zieht sich Marcel zurück: er verbringt Jahre fern von Paris, und die Gesellschaft entfremdet sich ihm, bevor er dann sieht, wie fremd sie sich selber geworden ist. Auch läßt sich das nicht so recht auseinanderhalten. So wie wir das Glück der Vereinigung nicht im Anderen, sondern in uns finden und in uns selbst den Grund für sein Ausbleiben suchen müssen, so erleben wir auch Bestand und Zerfall des Sozialkörpers nur in dem Maß, in dem unser inneres Bild von ihm sich beständig zeigt oder zerfällt. Der Rückzug des Erzählers führt, gleichsam auf einem letzten Umweg, über die räumliche Distanznahme von seiner bisherigen Welt zur erinnernden Wahrnehmung ihrer geschichtlichen Existenz.

Jenes Zögern des Jünglings, da Elstir ihn – endlich – mit Albertine bekannt machen will: das Zögern vor dem einen Wirklichen, worin das viele Mögliche untergeht, begleitet die ganze Handlung der *»Recherche«*. In zögerndem Fortschreiten nimmt der Erzähler wahr – und der Leser mit ihm –, wie sich das, was hätte sein können, von dem, was gewesen ist, scheidet und doch einen Schatten – oder ein Licht – zurückläßt.

Dem Bild des Wirklichen bleibt das Mögliche aufgeprägt oder einverwoben, und in diesem Bild tritt die Wahrheit zutage. Die Wege nach Méséglise und nach Guermantes sind *ein* Weg geworden; aber es gehört zu diesem Weg, daß man glaubt, den einen oder anderen wählen zu können. Und die Irrfahrt durch die Gesellschaft, durch die menschlichen Beziehungen hat, Station um Station, zu den Sachverhalten geführt, die sich unter dem Anschein verbargen; aber der Anschein, wie er sich hielt, wie er fragwürdig wurde und schwand, ist aus dem, was er verhüllte und was sich am Ende offenbart hat, nicht mehr wegzudenken.

Denn die Zeit verliert sich in der Aufeinanderfolge, doch sie wird wiedergefunden als Ganzes. Was dem Maler in seiner Antwort auf das Gesehene, in dem einen Akt seiner »Namengebung« gelingt, das erreicht der Erzähler durch vielfache Vermittlung, Verrechnung: daß sich zuletzt auf *einer* Ebene sammelt, wonach er im Lauf der Jahre das Labyrinth des Daseins durchforscht hat. Im erinnerten Leben erschließt sich ihm die gezeitigte Wahrheit.

Anmerkungen

Die Nachweise beziehen sich einerseits auf den Text der von *Pierre Clarac* und *André Ferré* besorgten Ausgabe von *»A la recherche du temps perdu«* (Gallimard, Bibliothèque de la Pléiade, Paris 1954): römische Bandzahlen, arabische Seitenzahlen; andererseits auf die Übersetzung von *Eva Rechel-Mertens* (»Auf der Suche nach der verlorenen Zeit«, Suhrkamp, Frankfurt, 2. Auflage 1976): arabische Seitenzahlen der durchgehend paginierten Ausgabe in Klammern.

I

1 I, 9 (16).
2 I, 6 f. (13 f.).
3 I, 93 ff. (128 ff.); I, 410 (542: »Bergotte aber, diesen unendlich weisen und beinahe göttlichen Greis, um dessentwillen ich zuerst Gilberte geliebt hatte, liebte ich jetzt vor allem um Gilbertes willen«).
4 I, 34, 99, 141 f. (49, 135, 189).
5 I, 20 (31).
6 II, 601 ff. (2045 ff.).
7 I, 159 (212).
8 I, 15 ff. (25 ff.).
9 III, 75 (2857).
10 I, 76 ff. (104 ff.).
11 I, 20 ff. (31 ff.).
12 I, 141 (189).
13 I, 394 ff. (520 ff.).
14 I, 125 (168).
15 I, 61, 171 (86, 228).
16 I, 175 (233).
17 I, 72 (100).
18 I, 140 (188).
19 I, 66 (92).
20 I, 150 f. (201 ff.).
21 I, 156 f. (209 f.).
22 I, 183 ff. (243 ff.).
23 I, 185 (246).

24 I, 391 (517).
25 I, 387, 392 (512, 519).
26 I, 172 (230: »Bei diesen Träumen wurde mir klar, daß ich eines Tages Schriftsteller werden wollte und daß es Zeit sei zu wissen, was ich zu schreiben beabsichtigte«).
27 I, 155 (207).
28 I, 180 (239 f.).
29 I, 5 f., 187 (11 ff., 247 f.).
30 I, 425 (561).
31 I, 28, 44 ff., 83; III, 866 (41, 63 ff., 114; 3944 f.).
32 I, 9 (17 f.).
33 I, 41 (59 f.).
34 I, 147 ff. (197 ff.).
35 I, 73 f. (101).
36 I, 203 (270).
37 I, 165 f. (221).
38 I, 427 (564).

II

1 I, 185 (245).
2 I, 27 (41: »ohne Wegzehrung«).
3 I, 42 (190).
4 I, 857 ff. (1126 ff.).
5 I, 382 (503).
6 II, 142 (1440).
7 II, 373 (1751: »eine Liebenswürdigkeit, eine Freundschaft, die mir nichts mehr bedeuteten«).
8 I, 418 (552).
9 II, 122 (1413).
10 I, 235 (312).
11 II, 119 (1409).
12 I, 366 (483).
13 I, 279 (369).
14 I, 350 f. (462 f.).
15 I, 362 ff. (477 ff.).
16 I, 524 (691).
17 I, 377 (497).

18 I, 469 ff. (619 ff.).
19 I, 512 ff. (674 ff.).
20 I, 500 (660: »Das Leben ist übersät mit solchen Wundern, auf die der Liebende immer hoffen darf«).

III

1 I, 712 f. (936 f.).
2 I, 569 ff. (749 ff.).
3 II, 271 (1614: »ein nahezu hysterischer Schmeichler«).
4 II, 948 f. (2516).
5 II, 711, 106 (2196, 1392).
6 I, 576 f. (759).
7 III, 956 (4068).
8 I, 681 (896).
9 II, 40 f. (1303 ff.).
10 I, 702 (923 f.).
11 II, 512 (1932: »... zu einer Art von profanem Abendmahl«).
12 II, 544 (1973).
13 II, 573, 681 f. (2012, 2156).
14 II, 432 f. (1829).
15 II, 542 (1970 f.).
16 II, 503 (1920).
17 I, 174 (231: »... und jetzt kommt sie nach Combray zur Trauung ihrer Tochter«).
18 II, 440 ff. (1839 ff.).
19 II, 471 (1879).
20 III, 43 (2814: »... ich bin zu dumm dazu, ich spreche wie eine Bäuerin«).
21 III, 34 (2802).
22 II, 204 f. (1525).
23 II, 494 f. (1908: »ihre schleppende, in ihrer Rauheit so angenehme Stimme«).
24 II, 300 (1652).
25 III, 692 (3698 f.).
26 I, 544 (717).
27 II, 348 (1718).
28 II, 157 ff. (1461 ff.).

29 II, 160 (1464).
30 III, 284 ff. (3142 ff.).
31 II, 405 (1793).
32 II, 903 (2454 f.).
33 II, 539 (1967).
34 II, 458 (1862).
35 II, 1027 (2622).
36 II, 17 f. (1273).
37 III, 16 (2778).
38 I, 445 (587).
39 III, 154 f. (2966: »... auf Grund einer düsteren Urscheu...«).
40 II, 296 (1647).
41 II, 65 (1338).
42 III, 14 (2775).
43 II, 1046 (2649).
44 III, 837 (3904).
45 III, 116 ff. (2913 ff.).
46 I, 715 ff. (941 ff.).
47 II, 155 (1457).
48 II, 97 (1379).

IV

1 III, 695 (3702 f.).
2 II, 754 (2254).
3 II, 84 (1363).
4 III, 123 (2923). Vgl. II, 983 (2563: »und das veranlaßt mich zu sagen, daß der Schlaf vielleicht von dem Gesetz der Zeit nichts weiß«).
5 III, 27 (2792).
6 III, 146 (2953 f.).
7 II, 752 (2251).
8 III, 884 (3969).
9 II, 531 (1956 f.).
10 III, 595 (3565).
11 II, 770 (2275).
12 II, 296 (1647).
13 II, 1000 (2585).

14 II, 1005 (2592).
15 II, 756 (2257: »Denn mit den Störungen des Gedächtnisses ist ein Versagen auch des Herzens verbunden«).
16 II, 1035 (2633).
17 III, 19 (2782).
18 II, 281 (1627 f.).
19 II, 859 (2395 f.).
20 II, 396 (1781).
21 II, 702 f. (2185).
22 I, 872 (1146).
23 II, 141 (1439).
24 II, 63 (1334).
25 II, 437 (1834).
26 II, 336 ff. (1702 ff.).
27 II, 720 ff. (2208 ff.).
28 I, 737 f. (970).
29 I, 736 (969).
30 II, 408 f. (1798).
31 II, 128 (1421).
32 II, 707 (2190 f.).
33 II, 879 (2422).
34 II, 458 (1862).
35 II, 1027 (2622).

V

1 I, 701 (922).
2 I, 454 (598).
3 I, 439 f. (580).
4 I, 453 (597 f.).
5 Vgl. unten Anm. 34.
6 I, 449 (592).
7 II, 47 (1313).
8 I, 450 (593 f.).
9 I, 456 ff. (602 ff.).
10 I, 546 f. (719 ff.).
11 I, 549 (723 f.). Vgl. III, 161 f. (2974: »Sollte sie es sein [eine ›vulkanische Fingerfertigkeit‹], die bei großen Künstlern die Illusion jener

tiefen, auf nichts anderes zurückzuführenden Originalität schafft, dem Anschein nach Reflex einer mehr als menschlichen Wirklichkeit, in der Tat aber nichts anderes als das Produkt unermüdlicher Arbeit?«).

12 I, 558 (735).
13 III, 182 ff. (3002 ff.).
14 II, 743 ff. (2240 ff.).
15 I, 40 (57 – die Stelle ist nicht übersetzt).
16 II, 51 (1319).
17 II, 898 (2448).
18 II, 306 (1660).
19 III, 714 (3729 f.).
20 III, 56 (2832).
21 I, 214 (284 f.).
22 I, 847 ff. (1114 ff.).
23 I, 765 ff. (1007 ff.).
24 I, 475 (627).
25 I, 600 (789).
26 III, 183 f. (3003 f.).
27 III, 257 f. (3104 ff.).
28 II, 326 f. (1689).
29 II, 51 (1318 f.).
30 III, 56 (2833).
31 I, 531 f. (700).
32 III, 572 (3531 f.).
33 I, 719 (946).
34 III, 1022 ff. (4160 f.).
35 III, 905 (3998 f.).

VI

1 II, 613 (2061 f.).
2 I, 34 (49).
3 I, 315 (417).
4 I, 141 (189).
5 I, 751 ff. (989 ff.).
6 Vielleicht sollte man hier noch einmal daran erinnern, daß der Erzähler sich selbst die Beobachtungsgabe abspricht: II, 948 f. (2516).

7 III, 861 (3937: »Es gab übrigens zwei M. de Charlus, von den andern zu schweigen«).
8 I, 755 (993 f.).
9 II, 558 (1991).
10 II, 379 (1759).
11 II, 283 f. (1631).
12 II, 966 f. (2540 f.).
13 III, 227 (3063).
14 I, 762 (1003).
15 I, 763 ff. (1007 ff.).
16 II, 559 (1993).
17 II, 292 f. (1642 f.).
18 III, 214 (3045).
19 II, 264 ff. (1604 ff.).
20 II, 860 f. (2397 f.).
21 III, 244 ff., 309 ff. (3087 ff., 3176 ff.).
22 III, 815 ff. (3871 ff.).
23 III, 860 f. (3935 f.).

VII

1 III, 109 (2904: »Mit Liebe meine ich hier eine wechselseitige Folter«).
2 II, 1006 (2594).
3 II, 804 (2321); II, 834 (2360).
4 I, 141 (188 f.).
5 I, 5 (11).
6 I, 157 (210).
7 II, 828 f. (2353 f.).
8 I, 512 (675).
9 I, 598 (786).
10 I, 626 (823).
11 I, 794 (1044 f.).
12 II, 35 (1721).
13 III, 190 (3012).
14 I, 937 ff. (1230 ff.).
15 I, 934 (1226).
16 I, 942 (1237).

17 III, 57 (2834).
18 II, 1131 (2760).
19 II, 734 (2227).
20 III, 67 (2848).
21 III, 77 (2860).
22 III, 70 (2851).
23 III, 390 (3286).

VIII

1 III, 957 (4069).
2 III, 858 (3933).
3 II, 91 (1372).
4 I, 96 (132).
5 I, 835 (1098).
6 I, 653 (860).
7 I, 869 (1142).
8 I, 828 (1088 f.).
9 I, 885 (1162).
10 III, 121 (2919).
11 III, 19 (2782).
12 III, 191 (3014).
13 III, 24 (2788).
14 II, 567 (2003).
15 II, 104 (1389).
16 II, 855 (2390).

suhrkamp taschenbücher
Eine Auswahl

2/1/8.86

2/2/8.86

2/3/8.86

2/4/8.86

2/5/8.86

2/6/8.86

2/7/8.86